Christoph Albrecht
Einführung in die Hymnologie

CHRISTOPH ALBRECHT

Einführung in die Hymnologie

VANDENHOECK & RUPRECHT
IN GÖTTINGEN

CIP-Kurztitelaufnahme der Deutschen Bibliothek

Albrecht, Christoph:
Einführung in die Hymnologie /
Christoph Albrecht. –
2., veränd. Aufl. – Göttingen: Vandenhoeck und
Ruprecht, 1984.
ISBN 3-525-57177-1

2., veränderte Auflage 1984. Lizenzausgabe der Evangelischen Verlagsanstalt GmbH. Berlin, © 1973. Printed in the German Democratic Republic. Alle Rechte vorbehalten. Ohne ausdrückliche Genehmigung des Verlages ist es nicht gestattet, das Buch oder Teile daraus auf foto- oder akustomechanischem Wege zu vervielfältigen.

Vorwort

Die vorliegende »Einführung in die Hymnologie« ist wie die im gleichen Verlag erschienene »Einführung in die Liturgik« aus den Vorlesungen des Verfassers an der Kirchenmusikschule Dresden erwachsen. Sie wendet sich aber auch an jedes am Gesangbuch interessierte Gemeindeglied. Die Dreigliederung des Stoffes (Textdichter – Melodisten – Gesangbuchgeschichte) ergab sich aus den Prüfungsanforderungen im Fach Hymnologie an den Kirchenmusikschulen.
Eine »Einführung« ist kein Lehrbuch im umfassenden Sinne. Von vornherein galt es, sich auf das Wesentliche zu beschränken. Die Ausführungen wollen dem Leser die Welt des Gesangbuches in ihrer Vielfalt erschließen, die sich im Verlauf der 450jährigen Geschichte des evangelischen Kirchenliedes ergeben hat. Für die stilistische Differenziertheit unseres hymnologischen Erbes möchte der Blick geöffnet und für die Eigenart der Kirchenlieder aus den verschiedenen Epochen das Verständnis geweckt werden.
Eine stärker auf Einzelheiten eingehende Entfaltung des umfangreichen Stoffes darf von einer knapp gefaßten »Einführung« nicht erwartet werden. Immerhin werden von den rund 250 Textdichtern und Melodisten des Evangelischen Kirchengesangbuches etwa 70 in diesem Büchlein erfaßt. Wer an irgendeinem Punkte tiefer in den Stoff und auch in die Problematik des evangelischen Kirchenliedes und seiner Geschichte eindringen möchte, sei auf das mehrbändige »Handbuch zum Evangelischen Kirchengesangbuch« (Göttingen und Berlin 1954 ff.) verwiesen, in dem man zu jedem Lied, zu jedem Textdichter und Singweisenschöpfer Auskunft erhält und auf die einschlägige Literatur verwiesen wird.
Zur Gesangbuchgeschichte fehlt es jedoch immer noch an einer umfassenden Gesamtdarstellung. Weil das Material zu diesem besonders interessanten Teilgebiet der hymnologischen Forschung schwerer zugänglich ist, geht der dritte Teil dieser »Einführung« in einigen Partien stärker auf Einzelheiten ein.
Wir haben auf hymnologischem Gebiete ein überreiches Erbe angetreten. Es ist das Anliegen des Verfassers, daß die evangelische Kirche unserer Tage dieses Erbe nicht verschleudert, sondern es erschließt, aus seinem Reichtum lebt und darauf weiterbaut.

§ 1 Begriff und Aufgabe der Hymnologie

Hymnologie ist die Lehre vom Kirchenlied. Weil sie es sowohl mit seiner textlichen als auch mit seiner melodischen Gestalt zu tun hat, ist sie einerseits ein Teilgebiet der theologischen Forschung, andererseits ein Stück Musikwissenschaft.

Die Lieder unserer Kirche können unter allgemeinen poetischen und musikalischen Gesichtspunkten bewertet werden. Trotzdem entziehen sie sich als Glaubenszeugnisse einer nur ästhetischen Beurteilung. Ein Lied, das ein Literaturgeschichtler als minderwertig ablehnt, kann durchaus für die Gemeinde und ihre Glieder eine große Bedeutung haben, wie andererseits so manches poetisch hochwertige geistliche Lied von der Gemeinde nicht angenommen wurde. Doch legt die Kirche mit Recht an ihre Lieder hohe dichterische und musikalische Maßstäbe an. So ist es inzwischen nahezu eine Selbstverständlichkeit geworden, daß zu Gesangbuchkommissionen auch Vertreter der Sprachwissenschaft hinzugezogen werden, die bei der Auswahl neuer Lieder, vor allem aber bei der sprachlichen Überarbeitung älterer Texte mitwirken.

Die Hymnologie hat die Aufgabe, die Bedeutung des Kirchenliedes für das Gemeindeleben, speziell für den Gottesdienst, herauszuarbeiten. Ein Lied kann nur dann recht verstanden werden, wenn man sowohl um die geschichtlichen Bedingtheiten seiner Entstehung als auch um seinen ursprünglichen »Sitz im Leben der Gemeinde« etwas weiß.

Die Gemeinde wird im Gottesdienst beim Singen der Kirchenlieder als ganze aktiv. Daran wird deutlich, daß der Gottesdienst nicht eine Veranstaltung des Pfarrers für die Gemeinde ist; vielmehr ist diese Mitträger und Mitgestalter des Gottesdienstes. Das Kirchenlied hat nicht nur eine Rahmenfunktion (Einstimmung auf die Predigt und Aufnahme der im gepredigten Wort angeklungenen Gedanken), sondern es hat eigenständige Bedeutung.

Bei der nahezu unübersehbaren Zahl von rund 100 000 gedruckt vorliegenden deutschsprachigen Kirchenliedern sowie der Fülle von Liederdichtern und Komponisten muß sich die Hymnologie von vornherein mit einer äußerst kleinen Auswahl bescheiden. Über die Auswahl kann man sehr geteilter Meinung sein. Die vorliegende »Einführung« betrachtet im wesentlichen die Liedauswahl durch das Evangelische Kirchengesangbuch als vorgegeben. Sie versteht sich in erster Linie als Hinführung zum besseren Verständnis dieses Gesangbuches.

Allerdings darf nicht das Mißverständnis aufkommen, das Evangelische Kirchengesangbuch sei ein Buch von kanonischer Gültigkeit. Mit gutem Grund hat die Kirche nur den Kanon der biblischen Schriften festgelegt, ihren Liedschatz dagegen als einen lebendigen Organismus betrachtet, der ständig wächst und daher nicht klar abzugrenzen ist. Gerade in unseren Tagen steht die Frage nach dem zeitgemäßen Kirchenlied im Brennpunkt des gemeindlichen Interesses. So war es eine selbstverständliche Aufgabe, auch Lieder in die Betrachtung einzubeziehen, die nicht in unserem Gesangbuch stehen, besonders solche Lieder, die erst nach dem Erscheinen des Evangelischen Kirchengesangbuches entstanden.

Bei den angeführten Liedbeispielen beziehen sich die angegebenen Nummern auf das Evangelische Kirchengesangbuch.

A. Die Textdichter

§ 2 Das Lied der Urgemeinde

Von den Anfängen an ist das Singen ein Kennzeichen der christlichen Gemeinden gewesen. Die Urgemeinde knüpfte mit ihren Gesängen zunächst an die jüdische Psalmentradition an, entwickelte dann jedoch auch andere, eigene Formen.

Jesus hat bei der Abendmahlseinsetzung die Passariten zum Teil übernommen, darunter auch das Singen der Passa-Hallel-Psalmen, auf die sich Mt. 26,30 bezieht.

Im Epheserbrief (5,19) und ganz analog im Kolosserbrief (3,16) werden uns drei Formen des urgemeindlichen Singens genannt: Psalmen, Hymnen (Luther: Lobgesänge) und geistliche Lieder. Theologen haben viel Scharfsinn aufgewandt, um eine überzeugende Unterscheidung dieser drei Begriffe zu versuchen. Es ist ihnen nicht gelungen.

Das poetische Prinzip der Psalmen besteht nicht in einer Reimform (Stab- oder Endreim) oder in der Wiederkehr bestimmter Metren, sondern ist inhaltlicher Art: es besteht im sogenannten Parallelismus membrorum. *Ein* Gedanke wird in jeweils zwei Hälften entfaltet, die sich entweder entsprechen oder antithetisch zugeordnet sind. Dafür je zwei Beispiele:

»Ich gedenke der alten Zeit, / der vergangenen Jahre« (Ps. 77,6);
»Verwirf mich nicht in meinem Alter, / verlaß mich nicht, wenn ich schwach werde« (Ps. 71,9);
»Zielen sie mit ihren Pfeilen, / so werden sie ihnen zerbrechen« (Ps. 58,8);
»Und ob ich schon wanderte im finstern Tal, / fürchte ich kein Unglück« (Ps. 23,4).

In der gleichen Weise sind die sogenannten Cantica gedichtet, die drei neutestamentlichen Lobgesänge, die uns Lukas in den beiden ersten Kapiteln seines Evangeliums überliefert:
das *Magnificat,* der Lobgesang der Maria (Luk. 1,46-55),
das *Benedictus,* der Lobgesang des Zacharias (Luk. 1,68-79),
das *Nunc dimittis,* der Lobgesang des Simeon (Luk. 2,29-32).

Auch diese neutestamentlichen Lobgesänge sind streng im Parallelismus membrorum gedichtet. Sie dürften aus der ältesten Zeit der Urgemeinde stammen. Der Apostel Paulus überliefert Eph. 5,14 ein Liedzitat, das er ausdrücklich als solches anführt (»darum heißt es ... «). Die Zeilen lauten:

> »Wache auf, der du schläfst,
> und stehe auf von den Toten,
> so wird Christus dich erleuchten.«

Möglicherweise handelt es sich um ein Zitat aus einem urchristlichen Tauflied. Auch der Vers 1. Tim. 3,16 könnte Bestandteil eines Liedes der Urgemeinde sein; in ihm finden wir wiederum eine Doppelung der Begriffe:

> »Gott ist geoffenbart im Fleisch, / gerechtfertigt im Geist;
> erschienen den Engeln, / gepredigt den Heiden;
> geglaubt in der Welt, / aufgenommen in die Herrlichkeit.«

Die Offenbarung des Johannes enthält eine ganze Reihe von Liedern (Offb. 4,11; 5,9.10.12-14; 7,12; 14,3; 15,3.4), die der Seher als Bestandteil des himmlischen Gottesdienstes visionär miterlebt. Man wird nicht fehlgehen in der Annahme, daß ihm hierbei Beispiele aus dem irdischen Gottesdienst seiner Zeit vorgeschwebt haben.

Interessanterweise berichtet auch das erste nichtchristliche Zeugnis über die Urgemeinde vom Singen der Christen: Der römische Statthalter Plinius (Amtszeit 111–113) schreibt einen Brief an den Kaiser Trajan, in dem er ihn um Rat fragt, was mit den Christen zu geschehen habe. Er berichtet dem Kaiser, er habe bei einem Verhör nichts Schändliches von ihnen in Erfahrung bringen können. Die Christen hätten ausgesagt, daß sie sich in harmloser Weise versammelten und Christus als ihrem Gott Lieder sängen (Carmen Christo quasi deo dicere).

Aus den beiden genannten Stellen Eph. 5,19 und Kol. 3,16 kann man etwas über die Funktion und die Bewertung des Gesanges in der apostolischen Zeit ersehen. In beiden Stellen finden wir im griechischen Urtext eine Partizipialkonstruktion, die eine doppelte Bedeutung hat. Beide Stellen können nämlich einerseits so übersetzt werden, daß man das *Singen als Folge* davon ansieht, daß Christus Einzug genommen hat in den Herzen: Das Wort Christi wohne in euch, *so daß ihr* singt. Die andere Übersetzungsmöglichkeit besagt, daß das *Singen ein Mittel* ist, durch das das Wort weitergesagt wird: Lasset das Wort Christi reichlich unter euch wohnen, *indem ihr* (dadurch daß ihr) singt. Beide Übersetzungen sind grammatisch in gleicher Weise möglich; beide Sinndeutungen sind vom Neuen Testament her zu vertreten. Mit einem modernen Begriffspaar könnte man sagen: Singen ist Wort und Antwort.

§ 3 Das Lied der alten und mittelalterlichen Kirche

Von den zahlreichen Hymnen aus den ersten christlichen Jahrhunderten ist uns nur ein kleiner Teil erhalten, mitunter nur in Bruchstücken. Seit Ambrosius ist das strophische Gemeindelied verbreitet. Die altkirchlichen Hymnen entstanden als Lieder für den Gottesdienst. Im Mittelalter wurde die Gemeinde mehr und mehr entmündigt; das Singen wurde ausschließlich Sache der Geistlichen und des Chores. Jedoch wurden zahlreiche volkstümliche geistliche Lieder in lateinischer und deutscher Sprache (auch lateinisch-deutsche Mischtexte) außerhalb des Gottesdienstes gesungen.

Aurelius Ambrosius (um 333–397) entstammte einem alten römischen Adelsgeschlecht. Er wurde zunächst Jurist und übte die Tätigkeit eines Konsulars aus. Als Erwachsener erst kam er mit dem Christentum in Berührung. Es spricht für seine große Popularität, daß das Volk ihn schon zum Bischof von Mailand wählte, als er noch nicht einmal getauft, sondern erst Katechumene war. Er war ein mitreißender Prediger. Seine Bedeutung für den Kirchenvater Augustin ist bekannt. Ambrosius war ein Freund der Armen, unbestechlich und charakterfest in seinen Ämtern. Auf ihn wird das strophische Gemeindelied in der abendländischen Kirche zurückgeführt. Seine Gedichte haben durchweg ein und dieselbe Form, das sogenannte Metrum Ambrosianum: Sie bestehen aus acht Strophen, deren jede vier Zeilen zu acht Silben enthält. Eine Fülle von Hymnen wird ihm zugeschrieben. Sicher bezeugt sind jedoch nur vierzehn, darunter die Hymne »Veni redemptor gentium«, die in Luthers Übertragung am Eingang des Evangelischen Kirchengesangbuches steht:

    1 Nun komm, der Heiden Heiland.

Von den altkirchlichen lateinischen Hymnen (gesammelt u. a. bei Wackernagel, Kirchenlied, Bd. 1) haben sich vor allem zwei durch die Jahrhunderte hindurch behauptet: das Tedeum

    137 Herr Gott, dich loben wir

und das Gloria in excelsis mit dem Laudamus te (der sogenannte »Große Lobgesang«). Beide verweben biblische Texte und variieren und erweitern deren Gedanken. Das Tedeum galt lange Zeit als Werk des Ambrosius; man nannte es (und nennt es auch heute zum Teil noch) den Ambrosianischen Lobgesang. Doch ist Ambrosius sicher nicht der Verfasser des Tedeum gewesen. Freilich ist auch die Autorschaft des Bischofs *Nicetas* (um 335 geboren, nach 414 gestorben) eine nicht beweisbare Hypothese.

Die Bedeutung des Papstes *Gregor I., d. Gr.* (geboren vor 540, gestorben 604) erstreckt sich nicht nur auf die Liturgik; er hat sich auch um das Gemeindelied große Verdienste erworben. Sein Lied »O lux beata trinitas«, von Luther übertragen:

352 Der du bist drei in Einigkeit

darf als Muster einer altkirchlichen Hymne angesehen werden. Es handelt sich um ein Abendlied, das die Situation des scheidenden Tages mit den wenigen Worten »Die Sonn mit dem Tag von uns weicht« äußerst knapp, aber doch völlig ausreichend umschreibt. (Paul Gerhardt hätte dafür mehrere Strophen in Anspruch genommen!) Das Lied beschränkt sich auf den Lobpreis Gottes, der den ganzen Tageslauf des Christen durchzieht. Auch dies wird ohne jede Weitschweifigkeit besungen:

»Des Morgens, Gott, dich loben wir,
des Abends auch beten vor dir;
unser armes Lied rühmet dich
jetzund, immer und ewiglich.«

Wie alle altkirchlichen Hymnen schließt auch dieses Abendlied mit einer Gloria-Patri-Strophe.
Aus der alten Kirche sind uns relativ viele Pfingsthymnen überliefert worden. Dem Benediktinermönch und späteren Erzbischof in Mainz *Hrabanus Maurus* (etwa 776–856) wird die Hymne »Veni creator spiritus« zugeschrieben. Luther übertrug sie:

97 Komm, Gott Schöpfer, Heiliger Geist.

Auch diese Hymne mit ihren sieben Strophen bevorzugt die kurze vierzeilige Form. Jede Zeile enthält acht Silben. –
Die hymnologische Forschung hat über 20 000 lateinische geistliche Dichtungen aus der mittelalterlichen Kirche ermitteln können. Nur ein ganz kleiner Teil davon ist heute noch von Bedeutung.
Das Evangelische Kirchengesangbuch enthält unter anderem freie Nachdichtungen folgender lateinischer Hymnen bzw. Antiphonen aus dem ersten Jahrtausend:

98 Komm, Heiliger Geist, Herre Gott
124 Komm, Heiliger Geist, erfüll die Herzen
139 Verleih uns Frieden.

Zu den ältesten Liedern mit deutschem Text, die in unser Gesangbuch aufgenommen wurden, gehören die drei »Leisen«, das sind Lieder, die mit dem Kyrie eleison schließen:

15 Gelobet seist du, Jesu Christ
75 Christ ist erstanden
99 Nun bitten wir den Heiligen Geist.

Sie sind entstanden mit Bezug auf das Kyrie eleison der römischen Messe, ohne daß diese Beziehungen näher erklärt werden können. Jedenfalls hat es auch zu der Zeit, als die Gemeinde im katholischen Gottesdienst völlig zum Schweigen verurteilt war, deutschsprachige geistliche Lieder gegeben, die meist außerhalb des Gottesdienstes, mitunter wohl aber auch entgegen der bestehenden Ordnung innerhalb der Messe gesungen wurden. (Bei den zuletzt genannten drei Liedbeispielen ist ein inhaltlicher Bezug auf die Sequenzen der Festtage, denen sie zuzuweisen sind, nicht zu übersehen. Ob sie als Zwischengesänge im Lesungsteil der Messe ausgeführt wurden?)
Insgesamt hat man fast 1500 deutsche geistliche Lieder aus vorreformatorischer Zeit nachweisen können, von denen aber sehr viele keinen bleibenden poetischen Wert haben. Höhepunkte dieser vorreformatorischen Dichtung sind die Lieder der deutschen Mystiker.
Vor allem der Dominikanermönch *Johannes Tauler* (etwa 1300–1361), der Schüler des Mystikers Meister Eckehart, hat Bedeutendes geschaffen. Auf ihn ist die Grundform des Liedes

    4 Es kommt ein Schiff, geladen

zurückzuführen. In einigen katholischen Gesangbüchern erschien es kurz nach 1600 als Marienlied, verschwand dann aber bis zu seiner Wiederentdeckung durch Friedrich Spitta (s. § 11) im Jahre 1899. Seither erfreut es sich großer Beliebtheit in katholischen wie evangelischen Gemeinden.
Heinrich von Laufenberg (etwa 1390–1460) ist der wohl bedeutendste geistliche Lyriker des 15. Jahrhunderts. Besonders beachtlich sind seine Marien-Antiphonen. Im Evangelischen Kirchengesangbuch steht ein Lied mit einer wehmütig-getrosten Grundstimmung, ein Lied, das die Sehnsucht nach dem Himmel besingt:

    308 Ich wollt, daß ich daheime wär.

Dies ist das einzige Lied unseres Gesangbuches, dessen Strophen nur aus zwei Zeilen bestehen. Es ist in unserer Zeit weniger als Gemeindelied bekannt geworden; verbreiteter sind die motettischen Vertonungen von Hugo Distler und Johann Nepomuk David.
Der Reformator Böhmens, *Johann Hus* (etwa 1370–1415), der vom Konzil zu Konstanz als Ketzer verurteilt und trotz des zugesicherten freien Geleits verbrannt wurde, hat auch als Dichter bleibende Bedeutung erlangt:

    154 Jesus Christus, unser Heiland,
        der von uns den Gotteszorn wandt.

Dieses ursprünglich tschechisch geschriebene Lied wurde ins Lateinische übertragen. Martin Luther übersetzte die lateinische Vorlage (»Jesus Christus nostra salus«) ins Deutsche, wobei er jedoch seine Abendmahlslehre gegenüber dem Original selbständig ausprägte.

§ 4 Martin Luther

Von Luther sind dreiundvierzig Lieder bekannt, darunter siebenunddreißig Kirchenlieder. Er dichtete sie, als sich seine Hoffnung auf die Mitarbeit anderer Dichter nur in geringem Maße erfüllte. Von fünf Ausnahmen abgesehen, sind seine Texte Umdichtungen. Luthers Lieder sind durchaus persönlich, ohne jedoch ins Subjektive abzugleiten. Die Dichtungen sind kraftvoll und urwüchsig in Satzbau, Wortschatz und Reim. In ihrer Aussage sind sie knapp gefaßt. Fast alle haben gottesdienstliche oder katechetische Bestimmung.

Zwei von Luthers Ordensbrüdern wurden am 1. Juli 1523 in Brüssel um ihres evangelischen Glaubens willen verbrannt. Dies Ereignis hat Luther so erschüttert, daß er darüber eine Ballade dichtete: »Ein lied von den zween Merterern Christi / zu Brüssel / von den Sophisten von Löuen verbrandt.« Dieses Lied, das als Flugblatt durch die Lande ging, beginnt:

> »Ein neues Lied wir heben an,
> das walt Gott, unser Herre,
> zu singen, was Gott hat getan
> zu seinem Lob und Ehre.
> Zu Brüssel in dem Niederland
> wohl durch zween junge Knaben
> hat er sein Wundermacht bekannt,
> die er mit seinen Gaben
> so reichlich hat gezieret.«

In den weiteren Strophen wird die Hinrichtung beschrieben. In der drittletzten heißt es dann:

> »Die Asche will nicht lassen ab,
> sie stäubt in allen Landen.
> Hier hilft kein Bach, Loch, Grub noch Grab,
> sie macht den Feind zuschanden.«

Und die Ballade schließt:

> »Der Sommer ist hart vor der Tür,
> der Winter ist vergangen.

> Die zarten Blümlein gehn herfür;
> der das hat angefangen,
> der wird es wohl vollenden.«

Im gleichen Jahre (1523) nahm Luther die gottesdienstliche Reform in Angriff. Dabei stieß er auf die Frage nach einem deutschsprachigen liturgischen Lied. Der Liederfrühling der lutherischen Reformation ist nur im Zusammenhang mit der Reformation des Gottesdienstes zu verstehen. Die Gemeinde wurde wieder zur aktiven Mitgestalterin des Gottesdienstes. Luther erkannte im Kirchenlied das geeignete Mittel zur gottesdienstlichen Ausübung des allgemeinen Priestertums aller Gläubigen. Was zuvor in der Messe allenfalls geduldet war, wird in der evangelischen Kirche von Anfang an wesentlicher Bestandteil des Gottesdienstes.

Anfang des Jahres 1524 schreibt Luther einen Brief an Spalatin. Er macht ihm darin Komplimente wegen seiner poetischen Begabung (»cum tibi sit data et copia et elegantia linguae Germanicae« = dir steht der Reichtum und die Feinheit der deutschen Sprache zu Gebote) und bittet ihn um Mithilfe bei der Schaffung eines deutschsprachigen Kirchenliedes. Luther wünscht sich als erstes die Übertragung eines biblischen Psalms in ein Strophenlied. Dabei komme es in erster Linie darauf an, daß der Sinn der Vorlage möglichst genau in die Übertragung übernommen werde. Im übrigen könne der Dichter die Worte frei wählen. Nur solle man so sprechen, daß das Volk es verstehe, doch »zugleich lauter und geschickt«.

Das Echo auf diesen Aufruf, den Luther nicht nur an Spalatins Adresse gerichtet dachte, war nicht so stark, wie er es sich erhofft hatte. So sah Luther sich wohl oder übel genötigt, sich selbst als Dichter zu betätigen. Als jedoch eine größere Zahl von neuen Liedern vorlag, begann bei Luther der Strom des eigenen Schaffens zu versiegen.

Das erste eigentliche Kirchenlied Luthers entstand noch vor dem Brief an Spalatin. Soweit wir es feststellen können, hat er bereits im Jahre 1523 sein »persönliches Glaubenslied« gedichtet:

239 Nun freut euch, lieben Christen gmein.

An diesem Lied wird deutlich, wie sehr Luthers persönliches Erleben auch seine Sprache als Dichter prägt. »Dem Teufel ich gefangen lag«, »mein guten Werk, die galten nicht«, sagt der, der sich im Kloster vergeblich um die Gerechtigkeit Gottes gemüht hatte. Aber auch das positive reformatorische Erleben findet in dem Lied seinen Niederschlag: »Da jammert Gott in Ewigkeit mein Elend übermaßen.« Kühn ist die Sprache dieses Liedes, das in den späteren Strophen zu einem Dialog zwischen Gott, dem Vater, und dem Sohn wird.

Das reformatorische »Für dich« finden wir in der siebenten Strophe: »Er sprach zu mir: ›Halt dich an mich, es soll dir jetzt gelingen; ich geb mich selber ganz für dich.‹«
Auch das Lied
    195 Aus tiefer Not schrei ich zu dir

stammt höchstwahrscheinlich aus dem gleichen Jahre. Ist das zuvor genannte ein besonders prägnantes Beispiel für die freie Kirchenlieddichtung Luthers, so ist »Aus tiefer Not« ein Musterbeispiel einer Nachdichtung bzw. Umdichtung. Man lege einmal den 130. Psalm und dieses Lied nebeneinander und vergleiche, wie eng Luther sich an seine Vorlage anlehnt! Trotzdem entsteht ein in der Sprachgestalt wie auch im reformatorischen Gehalt typisches Lutherlied.
Auch altkirchliche Hymnen und katechetische Stücke dichtet Luther um. Sein Abendlied
    352 Der du bist drei in Einigkeit

ist dem lateinischen Hymnus »O lux beata trinitas« des Papstes Gregor d. Gr. (gest. 604) nachgedichtet.
Bekannt sind vor allem seine Katechismuslieder:

    240 Dies sind die heilgen zehn Gebot

zum ersten Hauptstück,

    132 Wir glauben all an einen Gott

als Lied, das sowohl als Umdichtung des zweiten Hauptstückes wie auch als gottesdienstliches Credolied Verwendung findet, und sein Lied zum dritten Hauptstück:
    241 Vater unser im Himmelreich.

Ein Lied, das in eigentümlicher Weise biblische Erzählung und dogmatisch-katechetische Aussage miteinander verbindet, ist Luthers Lied zur Taufe:
    146 Christ unser Herr zum Jordan kam.

Zum Thema Abendmahl ist die Umdichtung des Hus-Liedes entstanden:
    154 Jesus Christus, unser Heiland,
       der von uns den Gotteszorn wandt.

Luthers Lied ist allumfassend. In fast allen Gruppen unseres Gesangbuches begegnen wir seinen Liedern. Die eine große Ausnahme ist die Passionszeit: Luther hat kein Lied geschaffen, das bei der Passionsthematik stehenbleibt; vielmehr hat er die Passion Christi von Ostern her gesehen. So finden wir in seinen Osterliedern, die in ihrer gehaltlichen und sprachlichen Formung zu seinen allereigensten Dichtungen gehören, immer wieder Rückblicke auf die Passion Christi.

Überhaupt ist Luthers Verhältnis zum Osterlied besonders innig gewesen. Der mittelalterlichen Osterleise galt seine ausgesprochene Hochschätzung: »Aller Lieder singt man sich mit der Zeit müde, aber das ›Christ ist erstanden‹ muß man alle Jahre wieder singen.«

Dieses Lied erfreute sich offenbar auch sonst im ausgehenden Mittelalter besonderer Beliebtheit; denn es gibt eine stattliche Zahl von Varianten (Beispiele bei Wackernagel, Kirchenlied, Bd. 2). So hat auch Luther diese Leise aufgenommen und erweitert:

>76 Christ lag in Todesbanden.

Die Beziehung auf die Vorlage ist ausdrücklich durch die Liedüberschrift im Babstschen Gesangbuch hergestellt: »Christ ist erstanden / gebessert«. Dabei ist das »gebessert« in diesem Falle anfechtbar, entspricht aber dem sonst bei übernommenen Liedern häufig klischeeartig verwendeten Untertitel »christlich gebessert und gemehret«.

In vier von den insgesamt sieben Strophen dieses Osterliedes geht Luther auf den Kampf Christi mit dem Tode ein. Besonders drastisch sind die Worte der vierten Strophe:

> »Es war ein wunderlich Krieg,
> da Tod und Leben rungen;
> das Leben behielt den Sieg,
> es hat den Tod verschlungen.
> Die Schrift hat verkündet das,
> wie ein Tod den anderen fraß,
> ein Spott aus dem Tod ist worden.
> Halleluja.«

Luther schreibt einen lapidaren Stil. Langen Satzkonstruktionen ist er abhold. Der Reim ist häufig unrein (z. B. auferstanden – gefangen; konnt – Sünd; Sohn – abgetan; Rufen – öffen usw.). Im Unterschied zu den Dichtern etwa der Paul-Gerhardt-Zeit beschränkt sich Luther in der Regel auf wenige Strophen. Als Musterbeispiel hierfür sei das Osterlied »Jesus Christus, unser Heiland, der den Tod überwand« genannt. Hier ist besonders in der zweiten und dritten Strophe ein äußerst komprimierter Stil zu finden:

> »Der ohn Sünden war geborn,
> trug für uns Gottes Zorn,
> hat uns versöhnet,
> daß Gott uns sein Huld gönnet.
> Kyrie eleison.

> Tod, Sünd, Leben und Genad,
> alls in Händen er hat.
> Er kann erretten
> alle, die zu ihm treten.
> Kyrie eleison.«

Die Kürze seiner Lieder hat offenbar manchem Zeitgenossen nicht behagt. So gibt es mehrere Erweiterungen von Luthers dreistrophigem »Kinderlied, zu singen wider die zween Ertzfeinde Christi und seiner heiligen Kirchen / den Bapst und Türcken« (»Erhalt uns, Herr, bei deinem Wort«) bis zu sieben Strophen.

Was Luther in seinem Brief an Spalatin für die anderen Dichter erhoffte, ist ihm selber in einer Weise gelungen wie keinem anderen neben ihm: er hat in seinen Liedern nach Gehalt und Sprache einen Ton angeschlagen, den ihm das Volk von den Lippen nahm. Was ein Jesuitenpater über die Lieder Luthers sagte, nämlich, daß sie mehr Seelen dem katholischen Glauben abspenstig gemacht hätten als alle seine Predigten und Schriften, trifft sicher zu. In kürzester Zeit sang man in ganz Deutschland Luthers Lieder, die meist mündlich weitergegeben, zu einem guten Teil jedoch auch auf Flugblättern verbreitet wurden, ehe es zum Druck der ersten evangelischen Gesangbücher kam (s. § 20).

Nur ganz selten kommt es vor, daß eine neue Gattung (gleich welcher Art) schon zu Beginn ihren Höhepunkt erreicht. Beim lutherischen Kirchenlied ist dies der Fall: Luther ist auch in seinem Liedschaffen ein einsam ragender Gipfel. Lieder wie »Erhalt uns, Herr, bei deinem Wort«, »Vom Himmel hoch da komm ich her«, »Wir glauben all an einen Gott«, »Aus tiefer Not« und »Ein feste Burg« sowie eine ganze Reihe anderer Lieder haben durch die Jahrhunderte hindurch bis zur Gegenwart zum festen, unaufgebbaren Bestand des evangelischen Kirchenliedes gehört.

Das Evangelische Kirchengesangbuch enthält im Stammteil 31 Lutherlieder:

1	Nun komm, der Heiden Heiland
15	Gelobet seist du, Jesu Christ
16	Vom Himmel hoch da komm ich her
17	Vom Himmel kam der Engel Schar
76	Christ lag in Todesbanden
77	Jesus Christus, unser Heiland
97	Komm, Gott Schöpfer, Heiliger Geist
98	Komm, Heiliger Geist, Herre Gott
99	Nun bitten wir den Heiligen Geist
109	Gott der Vater wohn (steh) uns bei

132	Wir glauben all an einen Gott
135	Jesaja dem Propheten das geschah
137	Herr Gott, dich loben wir (Tedeum)
138	Die Litanei
139,1	Verleih uns Frieden gnädiglich
142	Erhalt uns, Herr, bei deinem Wort
146	Christ unser Herr zum Jordan kam
154	Jesus Christus, unser Heiland, der von uns
163	Gott sei gelobet und gebenedeiet
174,8	(Nun laßt uns den Leib begraben)
177	Ach Gott, vom Himmel sieh darein
182	Es wolle Gott uns gnädig sein
192	Wär Gott nicht mit uns diese Zeit
195	Aus tiefer Not schrei ich zu dir
201	Ein feste Burg ist unser Gott
239	Nun freut euch, lieben Christen gmein
240	Dies sind die heilgen zehn Gebot
241	Vater unser im Himmelreich
309	Mitten wir im Leben sind
310	Mit Fried und Freud ich fahr dahin
352	Der du bist drei in Einigkeit.

§ 5 Dichter um und neben Luther

Von den Männern, die in geistiger oder zeitlicher Nachbarschaft mit Martin Luther Kirchenlieder schufen, hat keiner die Größe des Reformators auf dichterischem Gebiete erreicht. Trotzdem wäre es ein Unrecht, wollte man die hymnologische Bedeutung der nicht ganz wenigen Zeitgenossen Luthers zu gering achten. Auch ihre Lieder halfen mit, der neuen Lehre in den Herzen der Deutschen Raum zu gewinnen.

1. *Elisabeth Kreuziger* (Cruciger) (1505–1535) geb. von Meseritz war die Frau von Kaspar Kreuziger, Luthers Freund und Mitarbeiter, der ihm besonders bei der Übersetzung des Alten Testaments behilflich war. Sie wuchs im Kloster auf, wurde dann aber durch Bugenhagen mit der reformatorischen Lehre vertraut gemacht. Dies führte dazu, daß sie das Prämonstratenserkloster verließ. Ihre Tochter heiratete später Luthers Sohn Hans (»Hänschen«). Dadurch wurden die bestehenden freundschaftlichen Beziehungen zwischen Luthers und Kreuzigers auch nach dem Tode der Elterngeneration fortgesetzt und vertieft.

Selbst wenn man nicht mit Sicherheit wüßte, daß das Lied

<blockquote>46 Herr Christ, der einig Gotts Sohn</blockquote>

von einer Frau gedichtet wurde, würde es doch inmitten der mitunter »rauhen Männerlieder« der Reformationszeit durch seine besondere Innigkeit auffallen. In dem Gewicht seiner Aussagen und in seiner poetischen Schönheit ist dieses älteste evangelische Jesus-Lied den besten Schöpfungen Luthers ebenbürtig an die Seite zu setzen.

2. *Johann Walter* (1496–1570). Man hat Johann Walter mit gutem Recht die Ehrenbezeichnung »Urkantor der evangelischen Kirche« zugelegt. Walter war nicht nur ein hochbegabter Musiker, sondern auch Magister der Philosophie. Seine erste bedeutende Stelle war die des Kapellmeisters an der Torgauer Kantorei. Auf Bitten Luthers, dessen musikalischer Berater er war, berief der Kurfürst ihn im Jahre 1524 nach Wittenberg. Dort gab er im gleichen Jahre das erste evangelische Chorgesangbuch heraus. Besonders bei der musikalischen Gestaltung der Deutschen Messe (1526) stand er Luther mit Rat und Tat zur Seite. Durch Walter wissen wir manches über Luther als Musiker. Für sechs Jahre (1548–1554) war Walter als Leiter der kurfürstlichen Sängerknaben am Dresdener Hof tätig. Als die evangelische Kirchenmusikpflege starken Wandlungen unterworfen wurde, reichte er seine Entlassung ein.

Walter verbrachte die letzten anderthalb Jahrzehnte seines Lebens in Torgau. Von dort verfolgte er, der Mitstreiter Luthers, mit Sorge und Gram die Entwicklung des deutschen Protestantismus. Er singt sich seine Sorge vom Herzen mit dem Lied

<blockquote>390 Wach auf, wach auf, du deutsches Land,</blockquote>

in dem er mit der Bosheit, der Sünde und der Gotteslästerung seiner Glaubensbrüder abrechnet. Auch den äußeren Tand geißelt er mit überaus scharfen Worten. So brandmarkt er den modischen Luxus seiner Zeit in der 14. Strophe des ursprünglich 26strophigen Liedes:

> »Wer jetzt nicht Pluderhosen hat,
> die schier zur Erden hangen,
> mit Zotten wie des Teufels Wat (= Bekleidung),
> der kann nicht höflich (= bei Hofe) prangen.
> Es ist solchs so ein schnöde Tracht,
> der Teufel hat's gewiß erdacht,
> wird selbst sein also gangen.«

Demgegenüber wird Walter nicht müde, seinem Volk Gottes Wohltaten in Erinnerung zu bringen, wie das Evangelium von dem alleinigen Heil in Christus durch Luther dem deutschen Volk als großes Licht neu geschenkt worden ist. Er warnt Deutschland, daß es die ihm gebotene Chance nicht ausschlagen möge, solange es noch Zeit ist.

Man hat oft behauptet, daß es erst seit der Zeit des Pietismus das »erweckliche« Lied gebe. Aber auch unter der großen Zahl pietistischer Erweckungslieder wird man kaum eines finden, das in seiner Eindringlichkeit und in seiner sprachlichen Geprägtheit diesem Liede Johann Walters gleichbedeutend an die Seite zu setzen wäre. Freilich wird man es um einige Strophen kürzen müssen. Das evangelische Kirchengesangbuch bringt deren neun.

Noch resignierter, noch bitterer äußert sich Walter 1564 gegen Ende seines 64strophigen Liedes in vier Teilen »O Herre Gott, ich bitte dich, dein Gnade zu mir kehre«:

>»Ach Gott, wie jetzt der Wagen geht,
>darf keiner nicht viel fragen.
>Man sieht wohl, wie es jetzund steht,
>was fromme Christen klagen:
>Ist niemand, der den Wagen richt't,
>recht lenket oder führet,
>man hilft ihm nicht, ob er zerbricht,
>kein Fuhrmann wird gespüret.« (60. Strophe)

Im Evangelischen Kirchengesangbuch finden wir folgende von Walters Liedertexten:

134 Gott Vater, Sohn und Heilger Geist
139,2 Gib unserm Volke (Walter: unsern Fürsten) und aller Obrigkeit
311 Herzlich tut mich erfreuen
390 Wach auf, wach auf, du deutsches Land.

3. *Nikolaus Herman* (1500–1561) erfreute sich Luthers hoher Achtung, der von ihm als einem frommen und wohlerzogenen Mann sprach. Von 1518 an hat Nikolaus Herman vier Jahrzehnte hindurch als Kantor in St. Joachimsthal in Böhmen gewirkt und dabei regen Anteil an der Reformation Luthers genommen. Herman hat sich häufig durch die Predigten seines ebenfalls dichterisch tätigen Pfarrers Johann Mathesius anregen lassen, das gehörte Evangelium in Liedform zu paraphrasieren. Dies gelang ihm in einer beglückend schlichten und einprägsamen Weise. Im Jahre 1560 konnte er als Frucht seiner poetischen Tätigkeit sein Hauptwerk erscheinen lassen: »Die Sonntags-

Evangelia für das gantze Jar. In Gesang verfasset für die Kinder und christliche Hausväter.« Herman war selbst Vater einer großen Kinderschar. Die schlichte Einfalt seiner Sprache und die edle Kindertümlichkeit seiner Lieder erfreuen sich heute noch der gleichen Beliebtheit wie vor vierhundert Jahren. Die Rücksicht auf das kindliche Fassungsvermögen zeigt sich unter anderem darin, daß Herman meist Lieder mit kurzen Strophen (mit Vorliebe Vierzeiler) dichtete. Ein großer Teil der Lieder seines Evangelien-Zyklus entstand erst kurz vor der Drucklegung, als er wegen eines schweren Gichtleidens in den Ruhestand gehen mußte. An keiner Stelle tritt das schwere persönliche Erleben des Dichters in seinen Kirchenliedern in Erscheinung. Es gelang ihm, seine Person ganz hinter der Sache zurückzustellen.

Das Evangelische Kirchengesangbuch enthält folgende seiner Texte:

20	Den die Hirten lobeten sehre
21	Lobt Gott, ihr Christen alle gleich
80	Erschienen ist der herrlich Tag
84,1	Wir danken dir, Herr Jesu Christ
114	Wir wollen singn ein' Lobgesang
116	Heut singt die liebe Christenheit
246	Ein wahrer Glaube Gotts Zorn stillt
313	Wenn mein Stündlein vorhanden ist
339	Die helle Sonn leucht' jetzt herfür
355	Hinunter ist der Sonne Schein
376	Bescher uns, Herr, das täglich Brot
388	In Gottes Namen fahren wir.

In allen Teilen Deutschlands hielten Reformation und Kirchenlied gemeinsam Einzug. Der Reformator Halles, *Justus Jonas* (1493–1555), dichtete das Psalmlied

193 Wo Gott der Herr nicht bei uns hält.

Im Osten wirkten *Paul Speratus* (1484–1551), dessen Lied

242 Es ist das Heil uns kommen her

trotz seiner trocken dogmatischen Sprache eines der ausstrahlungskräftigsten in der Reformationszeit wurde, und *Johann Gramann* (1487–1541), dem wir eines der schönsten Psalmlieder unserer Kirche verdanken:

188 Nun lob, mein Seel, den Herren.

In Norddeutschland amtierte und dichtete *Nikolaus Decius* (um 1485 bis nach 1546). Er übertrug drei Ordinariumsstücke in Liedform:

> 131 Allein Gott in der Höh sei Ehr (ursprünglich plattdeutsch:
> »Alleyne God yn der Höge sy eere«) als Gloria-Lied
> – Heilig ist Gott der Vater (Sanctus-Lied)
> 55 O Lamm Gottes, unschuldig (als Agnus Dei in Strophenform).

In Nürnberg besang *Hans Sachs* (1494–1576) Luther als »Wittenbergische Nachtigall«. Von seinen zahlreichen Kirchenliedern hat sich jedoch keins behaupten können. Dagegen ist sein Zeit- und Ortsgenosse *Sebald Heyden* (1494–1561) durch sein Passionslied

> 54 O Mensch, bewein dein Sünde groß

zu bleibender Bedeutung gelangt.

Eine eigene oberdeutsche Liedtradition erwuchs in Konstanz. Vor allem der als Persönlichkeit hochbedeutende *Ambrosius Blaurer* (1492–1564) und sein Bruder, der Lutherschüler *Thomas Blaurer* (1499–1570), sind hier zu nennen. Im Winter 1522/23 entstand des ersteren Lied

> 281 Wie's Gott gefällt, so gfällts mir auch,

das also noch vor Luthers ersten eigenen Versuchen entstand.

Zu den Konstanzer Reformatoren gehörte auch *Johannes Zwick* (um 1496 bis 1542), dessen 111 Lieder zu den Perlen der reformatorischen Dichtung gehören. Das Evangelische Kirchengesangbuch enthält fünf seiner Texte:

> 36 Nun wolle Gott, daß unser Sang
> 91 Auf diesen Tag bedenken wir
> 147 O Gott und Vater gnadenvoll
> 336 All Morgen ist ganz frisch und neu
> 337 Du höchstes Licht, ewiger Schein.

Besonders die beiden Morgenlieder haben – neben dem Himmelfahrtslied – ihren Platz im heutigen evangelischen Gemeindegesang behauptet.
Eine hohe Bedeutung für die Kirchenliedgeschichte haben die drei Konstanzer Dichter auch dadurch gewonnen, daß Calvin an diesen Beispielen das evangelische Kirchenlied in einer so überzeugenden Weise erlebte, daß er nie den Schritt Zwinglis nachvollzog, die Kirchenmusik einschließlich des Gemeindeliedes gänzlich aus dem Gottesdienst zu verbannen.

4. *Die Böhmischen Brüder*
Ausführlicher behandelt werden muß schließlich noch eine Gruppe von Dichtern, die nicht eigentlich zum Kreis um Luther gerechnet werden dürfen, die

jedoch in zeitlicher und bis zu einem gewissen Grad auch theologischer Nachbarschaft zu Luther stehen: die Böhmischen Brüder.

Die Böhmischen Brüder sind die Vorfahren der »Erneuerten Brüderkirche«, der Herrnhuter Brüdergemeine. Die alte Brüderunität entstand im Zusammenhang mit den Hussitenwirren. Von den Eiferern, die für den gewaltsamen Tod Johann Hus' durch Morden und Brennen Rache nahmen, sonderte sich bald eine Gruppe ab, die davon durchdrungen war, daß man der Sache Christi nicht mit Waffengewalt dienen könne. Es kam zu einem Zusammenschluß, der sich bald auch kirchlich verselbständigte (1467). Zu diesen tschechisch sprechenden Christen stießen im Jahre 1478 aus der Mark Brandenburg emigrierende Waldenser. Damit entstand ein deutschsprachiger Teil der Brüdergemeine. 1501 erschienen eine Agende und ein Gesangbuch der Brüdergemeine in tschechischer Sprache. 1531 folgte auch ein Gesangbuch in deutscher Sprache. Herausgeber war der von Luther hochgeschätzte *Michael Weiße*. (Das Babstsche Gesangbuch von 1545 enthält vierzehn Lieder Weißes.) Kontakte zwischen Luther und den Böhmischen Brüdern wurden von beiden Seiten gesucht und so entstandene Beziehungen gepflegt.

Im Unterschied zu den Liedern Luthers und Nikolaus Hermans gerieten die Lieder der Böhmischen Brüder in der deutschen evangelischen Kirche lange Zeit fast völlig in Vergessenheit. Erst in den dreißiger Jahren unseres Jahrhunderts kam es – mitbedingt durch die theologische Auseinandersetzung mit den Deutschen Christen – zu einer Neuentdeckung ihres Wertes. Viele dieser Lieder können wir uns heute aus unserem Gesangbuch nicht mehr fortdenken.

Drei Hauptthemen sind es, um die die Dichtungen der Brüder mit Vorliebe kreisen: die reine Lehre, die geistliche Ritterschaft und das Verständnis des christlichen Lebens als eines Opfers. Es war das Anliegen der Dichter, das Evangelium vor Verfremdungen zu bewahren; dabei war es ihre theologische Erkenntnis – mit der sie so mancher christlichen Konfession und manchem Herrscher »von Gottes Gnaden« um Jahrhunderte voraus waren –, daß dies nicht durch gewaltsame Auseinandersetzung, sondern nur durch die Waffen des Geistes biblisch legitim geschehen könne. Die Wiederentdeckung dieser Lieder war daher eine echte, höchst aktuelle Verlebendigung.

Der größte Teil der Lieder aus dem Kreise der Böhmischen Brüder zeichnet sich durch einen beachtlich hohen dichterischen Wert aus, auch wenn ihre Sprache in mancher Hinsicht uns nicht mehr unmittelbar zugänglich ist. Groß ist die Vielfalt der verwendeten Metren.

Viele Lieder aus dem deutschsprachigen Brüdergesangbuch von 1531 sind Umdichtungen seines tschechischen Vorgängers oder anderer, z. B. lateinischer Vorlagen. Inwieweit auch Volksliedparodien (Kontrafakturen) vorlie-

gen, ist bisher noch nicht umfassend untersucht worden. Bei einigen Liedern hat sich dies nachweisen lassen. Jedenfalls haben die Lieder der Böhmischen Brüder wie die Luthers eine besondere Volksnähe.
Von Michael Weiße selbst (um 1488–1534) sind 137 Lieder bekannt. Eine beachtliche Zahl seiner Lieder aus dem Brüdergesangbuch von 1531 steht heute im Evangelischen Kirchengesangbuch:

> 47 O süßer Herre Jesu Christ
> 56 Christus, der uns selig macht
> 79 Gelobt sei Gott im höchsten Thron
> 118 Aus tiefer Not laßt uns zu Gott
> 174 Nun laßt uns den Leib begraben
> 226 O gläubig Herz, gebenedei
> 333 Der Tag bricht an und zeiget sich
> 334 Es geht daher des Tages Schein.

An einem dieser Lieder sei das Kennzeichnende des brüderischen Liedschaffens aufgezeigt: »O gläubig Herz, gebenedei« (226) spricht in der zweiten Strophe davon, daß Gott seiner Kirche und dem einzelnen Christen durch die Vergebung der Missetaten die Waffen zum geistlichen Kampf gibt. Die letzte Strophe greift diesen Gedanken auf durch die Bitte:

> »O hilf, daß wir mit deiner Kraft
> durch recht geistliche Ritterschaft
> des Lebens Kron erringen.«

Das Lehranliegen wird in der vorletzten Strophe besungen:

> »O leucht uns mit deim hellen Wort,
> daß uns an diesem dunklen Ort
> kein falscher Schein verblende.«

Und auch der Opfergedanke fehlt in diesem Liede nicht. Er wird besungen in der siebenten Strophe:

> »Nur geben wir uns seiner Gnad,
> opfern uns seinen Händen
> und tun daneben unsern Fleiß,
> hoffend, er werd zu seinem Preis
> all unsern Wandel wenden.«

Diese Gedanken kehren in ähnlichen Wendungen in vielen Liedern aus dem Kreis der Böhmischen Brüder wieder. – Auch *Petrus Herbert* (um 1535–1571) erlangte in der Brüdergemeine besonderes Ansehen. Zuletzt war er Konsenior der Böhmischen Brüder. Vorher hatte er als Vertreter der Unität auch diplomatische Aufgaben ausgeführt; z. B. verhandelte er im Namen der

Brüder mit Johannes Calvin. Aus seinem umfangreichen Liedschaffen (94 Lieder sind bekannt) enthält das Evangelische Kirchengesangbuch:

    58 Jesu Kreuz, Leiden und Pein
    155 Wohlauf, die ihr hungrig seid
    206 Preis, Lob und Dank sei Gott dem Herren
    356 Die Nacht ist kommen.

Georg Vetter (1536–1599) war ebenfalls Konsenior der Brüderunität. Ihm verdanken wir das Osterlied

    81 Mit Freuden zart zu dieser Fahrt,

das er auf die Melodie eines Hugenottenpsalms dichtete. Dieses Lied ist ein Akrostichon: Bei einer Aneinanderreihung der Anfangsbuchstaben der ursprünglich dreizehn Strophen ergab sich der Spruch »Mediator Jesus« = »Jesus ist der Mittler«. Von diesem Lied sind in das Evangelische Kirchengesangbuch nur die ersten beiden und die letzte Strophe aufgenommen worden. Dem Brüderbischof *Johann Horn* (um 1485–1547) verdanken wir die Lieder

    2 Gottes Sohn ist kommen
    205 Lob Gott getrost mit Singen.

§ 6 *Das reformierte Psalmlied*

Während Zwingli die Musik in jeder Form aus dem Gottesdienst verbannte, behielt Calvin den einstimmigen Gemeindegesang bei, beschränkte ihn aber auf die Umdichtungen des biblischen Psalter.

Zwingli vertrat die Ansicht, daß das Singen von der rechten Glaubenshaltung ablenke und nur ein »Geschrei vor den Menschen« sei. Deshalb verwies er jede musikalische Betätigung aus dem Gottesdienst. Die Züricher Großmünsterorgel wurde auf seine Veranlassung 1527 abgebrochen. Andere Gemeinden folgten diesem Beispiel. Trotz Zwinglis radikaler Haltung ist auch in der deutschsprachigen Schweiz schon im Jahre 1526 das Singen von Psalmliedern durch die Gemeinde bezeugt. Vor allem von Konstanz aus (vgl. S. 23) verschaffte sich das evangelische Kirchenlied Eingang in die Schweiz. Die Vorrede Zwicks im Konstanzer Gesangbuch distanziert sich auch theologisch von Zwinglis Auffassung.

Im französischen Sprachgebiet der Schweiz hat sich Calvins Ansicht durchgesetzt, daß das Gemeindelied seinen Platz im Gottesdienst behalten solle, da ja die Musik göttlichen Ursprungs sei (die Gestalt Jubals 1. Mose 4,21 ist für Calvin bedeutsam).

Calvin wollte nur den Psalmengesang gelten lassen. Aber eigenartigerweise hat er nie an eine psalmodische Ausführung durch die Gemeinde, sondern stets nur an die Psalmlieder in Strophenform gedacht. Dies ist vermutlich die Folge davon, daß Calvin bereits in Straßburg und an anderen Orten die Praxis des Psalmliedes kennengelernt hatte.

Clément Marot (1496–1544) war seinerzeit der berühmteste Dichter am französischen Hofe. Unter Calvins Aufsicht erschien 1542 in Genf »La forme des Prières et Chants ecclésiastiques« mit 39 Gesängen, darunter allein 32 Psalmübertragungen Marots. Nach Marots Tode setzte Theodor Beza (1519 bis 1605) die Psalmübertragung fort. 1562 lag der Genfer Liedpsalter vollständig vor. Dieser Psalter erlebte in drei Jahren nachweislich mindestens 63 Auflagen – in der Gesangbuchgeschichte etwas Einmaliges!

Marot hat in 50 Psalmliedern 42 verschiedene Strophenformen verwandt; Beza erreichte sogar eine noch größere Variationsbreite mit 71 Modellen (von denen nur 15 von Marot entlehnt sind). Insgesamt handelt es sich um 152 Dichtungen (gesamter Psalter und ein Zehn-Gebote-Lied sowie ein Nunc dimittis) mit 116 verschiedenen Strophenformen. Man hat häufig gemeint, die Psalmlieder seien als Kontrafakturen entstanden, speziell unter Benutzung französischer Chansonmelodien. Aber dort gibt es unverhältnismäßig weniger Strophenformen. So ist es doch wahrscheinlicher, daß es sich in der Regel um Originaldichtungen handelte, zu denen dann die Melodien neu geschrieben wurden.

§ 7 Das lutherische Kirchenlied im Zeitalter der Gegenreformation (Das Bekenntnislied) (1560–1618)

Die lutherische Theologie der nachreformatorischen Zeit ist durch den Kampf um die reine Lehre (Abgrenzung gegen Katholizismus und Calvinismus) geprägt. Den Liedern dieser Zeit geht über dem Lehrhaften weithin der Ton einer frohen Botschaft verloren. Die Glaubenskämpfe und bestimmte Notzeiten (Kriege, Pest, Hungersnöte) finden ihren Niederschlag im Kirchenlied, dessen Gedanken einerseits um das lutherische Bekenntnis, andererseits um Tod und ewiges Leben kreisen. Zusammen mit Bibel und Katechismus legten die Lieder dieser Zeit den Grund zu einer Frömmigkeit, die die Stürme des Dreißigjährigen Krieges überstanden hat.

Kaum ein Lied dieser Zeit erreichte an innerer Größe das Vorbild Luthers oder auch Michael Weißes. Trotzdem ist es ungerecht, wenn man – wie es seit Johann Gottfried Herder üblich geworden ist – diese Epoche des evangelischen Kirchenliedes einseitig negativ wertet. Zunächst muß gegenüber solcher Kritik darauf hingewiesen werden, daß die reine Lehre und die Beständigkeit des Glaubens, von denen diese Lieder oft singen, vom Inhalt her positiv zu werten sind.

Um ihrer Beharrlichkeit willen, mit der die Dichter sich in ihrem Leben und in ihren Liedern zu ihrem Glauben bekannten, erlitten sie vielfach recht bewegte Lebensschicksale, die sie mit einem stillen Heldentum trugen. Dieses schwere Erleben äußert sich dann auch in den Liedern, in denen das Zarte kaum noch durchklingt. Dagegen dominieren das Lehrhafte und die Gesetzlichkeit.

Nicht nur Lehrstreitigkeiten und Katastrophenzeiten lassen den Festton in diesen Liedern verstummen; in der Auseinandersetzung mit der immer stärker im Volk um sich greifenden Trunksucht und Unzucht werden die Liederdichter zu Moralpredigern. Dazu kommen Schwierigkeiten, denen die Pfarrer häufig ihren Patronatsherren gegenüber ausgesetzt sind. In welche Gewissensnöte konnte beispielsweise ein Geistlicher kommen, der gegen die Trunksucht gepredigt hatte, dem dann aber nach dem Gottesdienst eine Wiederholung solcher Gedanken vom Patron verboten wurde, weil dieser als Besitzer der Brauerei Interesse am Alkoholabsatz hatte!

Nikolaus Selnecker (1528–1592) ist vielleicht der typischste Vertreter dieser Zeit – nach Leben und Dichtung. Er war Schüler Melanchthons. Wie sein Lehrer hätte er gern zwischen Luthertum und Calvinismus vermittelt. Die Folge war, daß er von beiden Seiten verketzert wurde. So führte er ein bewegtes Leben; mehrfach wurde er der Irrlehre bezichtigt und deswegen amtsenthoben. Dennoch hat er im Verlaufe seines Lebens recht bedeutende Tätigkeiten ausgeübt. So war er unter anderem Hofprediger in Dresden, Theologieprofessor in Jena und Leipzig, Generalsuperintendent in Wolfenbüttel und schließlich Superintendent in Hildesheim und Leipzig. Er ist Mitverfasser der Konkordienformel (lutherische Bekenntnisschrift). Wegen seiner konsequenten Haltung wurde er, der eine durch und durch friedfertige Natur war, immer wieder angegriffen und verspottet. So nannte man ihn »Schelmlecker«, »Seelenhenker«, »Seelnecator« (= Seelenmörder). Trotz des äußerlich so unsteten Lebens war Selnecker ein fruchtbarer theologischer Schriftsteller. Neben seinen theologischen Abhandlungen schuf er 120 Kirchenlieder und Psalmenübertragungen. Im Jahre 1587 gab er ein eigenes Gesangbuch heraus.

140 Laß mich dein sein und bleiben
207 Ach bleib bei uns, Herr Jesu Christ (einige Strophen ergänzt)
287 Hilf, Helfer, hilf.

An der kurzen Strophe »Laß mich dein sein und bleiben« kann man die wesentlichsten Themen des Liedgutes der Gegenreformationszeit ablesen: da ist die Rede von der reinen Lehre und die Bitte, dabei verbleiben zu dürfen. Gott wird um Glaubensbeständigkeit gebeten. Das Lied schließt, wie viele dieser Zeit, mit dem Ausblick auf die Ewigkeit. In zahlreichen anderen Liedern wird im Vergleich damit das Erdenleben noch ausdrücklich abgewertet. Immer wieder wird das Dasein hier als ein Wandern im »Jammertal« umschrieben, dem die Freude des ewigen Lebens gegenübergestellt wird.

Valerius Herberger (1562-1627) war siebenunddreißig Jahre hindurch Pfarrer in Fraustadt, seiner Heimatgemeinde (1590-1627). In diese Zeit fallen siebzehn Pestjahre. Besonders furchtbar wütete die Seuche im Jahre 1613. Innerhalb von fünf Monaten erlag ein Drittel seiner Gemeinde (etwa 2000 Gemeindeglieder) der Pest. Man kann es sich vorstellen, wie es auf einen Pfarrer wirken muß, wenn er Tag für Tag eine große Zahl von Beerdigungen zu halten hat und dabei stets auch selbst den Tod vor Augen haben muß. Unter dem Eindruck dieses schweren Erlebens schrieb er sein bekanntes Ewigkeitslied

        318 Valet will ich dir geben.

Es trägt den Titel: »Ein andächtiges Gebet, damit die evangelische Bürgerschaft zu Fraustadt Anno 1613 im Herbst Gott dem Herrn das Herz erweicht hat, daß er seine scharfe Zuchtrute, unter welcher bei zweitausend Menschen sind schlafen gegangen, in Gnaden hat niedergelegt. Sowohl ein tröstlicher Gesang, darinnen ein frommes Herz dieser Welt Valet gibt.«

Der etwas ungewöhnliche Beginn des Liedes mit dem Wort »Valet« erklärt sich aus der Absicht des Dichters, ein Akrostichon mit seinem Vornamen erstellen zu wollen. Nimmt man von der ersten Strophe die vier Anfangsbuchstaben (Vale) und ergänzt von allen weiteren Strophen den ersten Buchstaben, so ergibt sich der Vorname des Dichters ValeRIVS.

Gewiß sind uns heute der allgemeine Weltschmerz und die Himmelssehnsucht, die aus den Strophen dieses Liedes sprechen, etwas ferngerückt. Wer aber um die Hintergründe dieses und vieler anderer Lieder aus der Gegenreformation weiß, wird ohne weiteres das rechte Verhältnis zu diesen Texten gewinnen. So manchem Sterbenden ist dieses Lied auch in unseren Tagen Trost und Halt geworden.

Cornelius Becker (1561-1604). Sein Lebenslauf unterscheidet sich zwar von dem Nikolaus Selneckers durch eine wesentlich größere Seßhaftigkeit; doch ist auch er von den konfessionellen Streitigkeiten persönlich betroffen worden. Er lebte in Leipzig, war dort zunächst Pfarrer an der Nikolaikirche, dann Theologieprofessor. Als allzu streitbarer Lutheraner wurde er im Jahre 1601 suspendiert. Während der fünfmonatigen Zwangspause übertrug er den gesamten Psalter in Strophenform.

Er wollte mit dieser Neudichtung ganz bewußt dem Lobwasserschen Reimpsalter Konkurrenz machen und erwies sich auch dadurch als kämpferischer Lutheraner. Ambrosius Lobwasser (1515–1585), Professor der Rechtswissenschaft in Königsberg, war zwar Lutheraner. Bei einem längeren Aufenthalt in Frankreich fand er jedoch Gefallen am reformierten Genfer Psalter von Marot-Beza. Er übersetzte diese französischen Psalmennachdichtungen (also nicht die biblischen Psalmen) ins Deutsche. Weil er die volkstümlichen Melodien des Louis Bourgeois benutzte, die ihrerseits zum Teil Volksliedbearbeitungen sind, fand sein Psalter weiteste Verbreitung. Trotz seiner oft recht hölzernen Sprache verdrängte Lobwassers Reimpsalter vielfach die bisherigen deutschsprachigen Übertragungen lutherischer Dichter. Extreme Lutheraner befürchteten, daß sich mit dem reformierten Psalter auch die reformierte Lehre einschleichen könnte. Deshalb war es Cornelius Beckers Absicht, »denen, denen der Atem nach dem Calvinismo reucht«, das Spiel zu verderben. An die Stelle der »fremden französischen und für die weltlüsternen Ohren lieblich klingenden Melodeyen« wollte er lutherische Choralmelodien setzen. Deshalb wurden sämtliche Dichtungen auf gängige Strophenmodelle geformt. Sprachlich sind Beckers Dichtungen meist von niedrigem Niveau. Wenn sie doch zum Teil populär geworden sind, dann ist dies wohl zum größeren Teil auf ihre Vertonung durch Heinrich Schütz zurückzuführen, der 1628 und 1661 den Becker-Psalter in schlichten homophonen Sätzen komponierte.

Es mutet uns heute höchst fragwürdig an, eine Psalmübertragung zum dogmatischen Kennzeichen oder sogar Kampfmittel zu erheben. Ein Unterschied in der Psalmeninterpretation zwischen Reformierten und Lutheranern ergab sich im 16. und 17. Jahrhundert besonders bei der Frage der christologischen Deutung der Psalmen. Was Luther in freier Anlehnung an Psalm 46 dichtete:

>»Fragst du, wer der ist?
>Er heißt Jesus Christ,
>der Herr Zebaoth«,

wäre einem reformierten Dichter eine nicht mögliche Aussage gewesen. So finden wir in Cornelius Beckers Psalmennachdichtungen im Unterschied zu den reformierten Liedern ganz selbstverständlich christologische Aussagen.

>170 Komm her, mit Fleiß zu schauen
>187 Nun jauchzt dem Herren, alle Welt (sprachlich überarbeitet)

> 190 Wohl denen, die da wandeln
> 191 Ich heb mein Augen sehnlich auf
> 359,1 Mit meinem Gott geh ich zur Ruh (bei Becker
> Schlußstrophe der Übertragung des 4. Psalms).

Neben *Bartholomäus Ringwaldt* (120 »Es ist gewißlich an der Zeit« u. a.) und *Martin Schalling* (247 »Herzlich lieb hab ich dich, o Herr«) ist am Schluß dieser Epoche vor allem noch ein Name zu nennen:

Philipp Nicolai (1556–1608). Wie Luther, Walter und Herman war Philipp Nicolai Dichterkomponist. Seine Lieder

> 48 Wie schön leuchtet der Morgenstern
> 121 Wachet auf, ruft uns die Stimme

hat man zeitweilig »König und Königin unter den evangelischen Kirchenliedern« genannt. Sie haben sich jedenfalls von jeher großer Beliebtheit erfreut.

Philipp Nicolai war Pfarrer. In mehreren Schriften trat er als leidenschaftlicher Kämpfer gegen Katholizismus und Calvinismus auf. Er war ein zu seiner Zeit bedeutender Theologe und starb als Hauptpastor an St. Katharinen in Hamburg. Zuvor war er 1596–1601 Pfarrer in Unna/Westfalen. Dort erlebte er in seiner Gemeinde die schwere Pestepidemie der Jahre 1597/1598. Tag für Tag hatte er etwa dreißig Gemeindeglieder zu beerdigen. Unter dem Eindruck dieser schweren Zeit schrieb Nicolai im Jahre 1599 einen »Freudenspiegel des ewigen Lebens«, durch den er aus der Trübsal dieser Zeit den Blick seiner Gemeinde auf die ewigen Freuden lenken wollte. Diesem Freudenspiegel gab er drei Lieder, darunter die beiden genannten, als Anhang bei.

Sprachlich sind Nicolais Lieder schon stark vorausweisend. Sie enthalten viele barocke Elemente, durch die sie in ihrem Wortschatz reichlich überladen wirken. Beide Lieder konnten nur in textlich retuschierter Form in das Gesangbuch aufgenommen werden. Das Morgenstern-Lied ist in unseren Gesangbüchern zwar der Epiphaniaszeit zugeordnet worden. Doch ist es inhaltlich viel stärker auf die ewige Gemeinschaft mit Christus ausgerichtet. Für seine Aussagen benutzt Nicolai die Sprache der Brautmystik. Christus wird als der himmlische Bräutigam besungen, der seine Kirche – oder auch die Einzelseele – heimholt. (Die Sprache der bräutlichen Liebe spielt dann im pietistischen Lied eine ganz wesentliche Rolle.) Nicolai legt dem Christen den Satz in den Mund, er freue sich darauf, daß er »mit Jesulein, dem wunderschönen Bräutgam mein, in steter Liebe wallen« werde. Nach heutigem Verständnis und poetischem Geschmack sind solche Formulierungen höchst problematisch. Noch mehr gilt das für den originalen Wortlaut der vierten Strophe: »Nimm mich freundlich in dein Arme, daß ich warme werd von Gnaden«.

Das Lied »Wachet auf, ruft uns die Stimme« ist in den beiden ersten Strophen auf das Evangelium von den klugen und törichten Jungfrauen (Mt. 25) bezogen. Es ist wohltuend, daß Nicolai hier keine Bilder aus dem Hohenlied einarbeitet. Die letzte Strophe ist ein großes Glorialied. In den letzten Zeilen war bei der Aufnahme in unser Gesangbuch eine sprachliche Retusche erforderlich, durch die nun allerdings etwas von der Ursprünglichkeit der Freude verlorenging, mit der bei Nicolai das Lied schließt: »Des sind wir froh, io, io, ewig in dulci jubilo«. Wir wagen es nicht mehr, im Gottesdienst »io, io« zu jauchzen, sondern wir singen ein Lied über unser Jauchzen. – Unter den Dichtern seiner Zeit nimmt Nicolai insofern eine Sonderstellung ein, als er in seinen Liedern einen ganz zarten, innigen Ton der Jesusliebe findet, dem man nichts anmerkt von den harten dogmatischen Auseinandersetzungen, an denen auch dieser Theologe teilhatte.

§ 8 Paul Gerhardt und seine Zeit (1618–1680)

Im zweiten Viertel des 17. Jahrhunderts setzt eine zweite Blütezeit des evangelischen Kirchenliedes ein. Die Dichtungen stehen sprachlich meist auf einer beachtlichen Höhe (Opitzsche Reform). Die Nachwirkungen der Glaubenskämpfe, die Nöte des Dreißigjährigen Krieges und die über allen Nöten stehende Freude des Christenstandes prägen den Charakter dieser Lieder. Da der Kanon der gottesdienstlichen Lieder abgeschlossen zu sein schien, entstanden die Lieder dieser Epoche zunächst im Blick auf den häuslichen Gottesdienst; sie sind von einer stärkeren Subjektivität getragen. Lieder des Gottvertrauens sind zu keiner anderen Zeit in so reifer Gestalt erwachsen.

Martin Opitz (1597–1639) war Philosophieprofessor in Königsberg, beschäftigte sich aber in besonderer Weise auch mit Fragen der deutschen Dichtkunst. Im Jahre 1624 erschien sein Buch »Von der deutschen Poeterey«. Man hat Opitz den »Formenschulmeister der neuen Dichtkunst« genannt (Nelle). Damit wird er richtig charakterisiert. Obwohl er selber eine Fülle von Gedichten veröffentlichte, besteht seine eigentliche Bedeutung doch darin, daß er der gesamten deutschen Dichtkunst neue Formgesetze gab. Herrschte in der Poesie der Generationen vor ihm das Prinzip der bloßen Silben*zählung* (in jeder Strophe eines Gedichtes mußten die entsprechenden Zeilen die gleiche Silbenzahl haben, ohne daß über die Akzentverhältnisse eine Regelung bestand), so galt seit Opitz die Regel: Wortakzent = Versakzent. Das heißt: Ein Dichter sollte künftig seine Worte so setzen, daß die natürlichen Sprachakzente mit den Akzenten eines gleichbleibenden Metrums zusammenfielen (Beispiel: »Macht hoch die Tür...« – Gegenbeispiel: »Nun komm, der Heiden Heiland...«). Des weiteren wandte sich Opitz gegen die unreinen Reime. Nur echter klanglicher Gleichlaut sollte künftighin noch statthaft sein. Schließlich war Opitz ein ausgemachter Gegner von Wortverkürzungen um des Metrums willen (z. B. G'walt, Himm'l usw.). Opitz' Lieder sind zwar sprachlich äußerst gewandt, inhaltlich jedoch meist nicht sehr tiefgehend. Zu den positiven Ausnahmen gehört das Morgenlied, das sich im lutherischen Anhang zum Evangelischen Kirchengesangbuch findet:

O Licht, geboren aus dem Lichte.

Johann Heermann (1585–1647) gilt mit Recht als der bedeutendste Liederdichter zwischen Luther und Paul Gerhardt. Das Evangelische Kirchengesangbuch enthält eine Vielzahl seiner Lieder:

50 O Jesu Christe, wahres Licht
60 Herzliebster Jesu
85 Frühmorgens, da die Sonn aufgeht
156 Herr Jesu Christe, mein getreuer Hirte
169 So wahr ich lebe
171 Laß dich, Herr Jesu Christ
175 Gott Lob, die Stund ist kommen
209 Herr unser Gott, laß nicht zuschanden werden
210 Treuer Wächter Israel'
291 Ach traure nicht
383 O Gott, du frommer Gott.

Von seinem Osterlied »Frühmorgens, da die Sonn aufgeht« abgesehen, suchen wir bei Heermann vergeblich nach Festliedern. Die Freude steht zwar hinter den Liedern, sie leuchtet jedoch nur selten durch in den Dichtungen des unsagbar belasteten Mannes (ein Augenleiden plagt ihn von Jugend an; er verwitwet früh; viel hat er unter den Nöten des Dreißigjährigen Krieges zu leiden; schließlich fehlen auch in seinem Leben nicht Pestzeiten und konfessionelle Spannungen). Um so stärker ist seine Bedeutung als Dichter von Trostliedern. »Die meisten und schönsten unter den Liedern Johann Heermanns sind Lieder für Leute, die Trost bedürfen« (Rudolf Alexander Schröder). Auch das Abendmahl wird von Heermann als Quelle des Trostes besungen (156,2):

> »Du bist die lebendige Quelle,
> zu dir ich mein Herzkrüglein stelle;
> laß mit Trost es fließen voll,
> so wird meiner Seele wohl.«

Besonders ins Herz unserer Gemeinden gesungen hat sich sein Arbeits- und Berufslied »O Gott, du frommer Gott«, dessen dritte Strophe

> »Hilf, daß ich rede stets,
> womit ich kann bestehen;
> laß kein unnützlich Wort
> aus meinem Munde gehen,
> und wenn in meinem Amt
> ich reden soll und muß,
> so gib den Worten Kraft
> und Nachdruck ohn Verdruß.«

man »des Christen Mundschloß und Zungenarzt« genannt hat. Für die evangelische Frömmigkeitsgeschichte der vergangenen drei Jahrhunderte hat dieses Lied große Bedeutung gehabt. Kennzeichnend für die Zeit der Gegenreformation und des Dreißigjährigen Krieges ist es, daß auch dieses Lied in den letzten Strophen zu einem Ausblick in die Ewigkeit wird.

Die Opitzsche Dichterschule wies bald eine Fülle von Namen auf. Stattlich ist auch die Zahl der Kirchenlieddichter. Namentlich seien *Heinrich Albert* (345 »Gott des Himmels und der Erden«) und *Georg Neumark* (298 »Wer nur den lieben Gott läßt walten«) genannt, ehe wir uns dem nächst Luther bedeutendsten Dichter unserer Kirche zuwenden:

Paul Gerhardt (1607–1676). 133 Lieder sind uns von Paul Gerhardt überkommen. Seine Poesie ist umfassend. So könnte man beinahe ein vollständiges Gesangbuch mit Paul-Gerhardt-Liedern bestreiten. Paul Gerhardt wurde während seiner Schulzeit an der Fürstenschule in Grimma (1622–1627) in streng lutherischem Geiste erzogen. Nach seinem Theologiestudium in Wittenberg mußte er sich lange Zeit als Hauslehrer sein Brot verdienen, ehe er im Jahre 1651 sein erstes Pfarramt in Mittenwalde antreten konnte. 1657 übernahm er eine Pfarrstelle an der Berliner Nikolaikirche. Als der Kurfürst im Jahre 1664 von allen Pfarrern eine schriftliche Erklärung forderte, daß sie künftig auf Kanzelpolemik verzichten würden, weigerte sich Paul Gerhardt mit anderen Amtsbrüdern. Dies führte zunächst zu seiner Amtsenthebung. Zahlreiche Gemeindeglieder beschwerten sich und erreichten, daß die Verfügung aufgehoben wurde. Paul Gerhardt gab jedoch von sich aus sein

Amt auf, als man ihm die Meinung des Kurfürsten hinterbrachte, er werde sich auch ohne schriftlichen Revers dem obrigkeitlichen Edikt fügen. Er ging nach Lübben, wo er bis zu seinem Tode wirkte. Ein Bild Gerhardts in der dortigen Kirche erhielt die Inschrift: »Theologus in cribro Satanae versatus« (ein Theologe, der im Siebe Satans gesichtet wurde). – Es war das Anliegen Martin Opitz' gewesen, die deutsche Poesie auch in sprachlicher Hinsicht zu bereichern. Bei Paul Gerhardt erfahren diese Bestrebungen auf dem Gebiete des Kirchenliedes ihre Erfüllung. Man denke nur an die anschaulichen Wendungen in seinem großen Morgenlied »Die güldne Sonne«: »... wann sie mit Frieden von hinnen geschieden aus dieser Erden vergänglichem Schoß«, »... so läßt er aufgehen über uns seiner Barmherzigkeit Schein«, »... heilen im Herzen die tödlichen Schmerzen«, »... nach Meeres Brausen und Windes Sausen leuchtet der Sonnen gewünschtes Gesicht«. Paul Gerhardt gelingt es, eine Sprache zu sprechen, die schon in sich Musik ist. Vielfach greift er auf den Stabreim zurück. Die Innigkeit seines Ausdrucks öffnet ihm auch heute noch die Herzen der Sänger.

Eine Eigentümlichkeit der Lieder Paul Gerhardts ist es, daß sie fast alle mit einem Ausblick auf die Ewigkeit schließen. Dies gilt für seine weihnachtlichen Gedanken (30,11) und seine Neujahrsbetrachtung (42,14) ebenso wie für seine Passions- (62,8), Oster- (86,8) und Pfingstlieder (105,13) und schließt auch sein köstliches Sommerlied mit ein (371,15):

»Erwähle mich zum Paradeis
und laß mich bis zur letzten Reis'
an Leib und Seele grünen,
so will ich dir und deiner Ehr
allein und sonsten keinem mehr
hier und dort ewig dienen.«

Von Paul Gerhardt kann man es lernen, sub specie aeternitatis (unter dem Blickwinkel der Ewigkeit) zu leben.

Rudolf Alexander Schröder hat Paul Gerhardts Werk für den Höhepunkt der lutherischen Kirchenlieddichtung gehalten: »Ein geschlossenes Werk wie das seine hat unsere kirchliche Dichtung nur einmal hervorgebracht, in ihm gipfelnd und in ihm sich vollendend.« Nicht jeder wird Paul Gerhardts Bedeutung so hoch einschätzen. Aber auch vor einer Unterschätzung seiner Bedeutung für das evangelische Kirchenlied sollten wir uns hüten, selbst wenn die Weitschweifigkeit vieler seiner Lieder und eine Reihe recht eigenwilliger Formulierungen und Themen Anlaß zur Kritik geben. Paul Gerhardt kann Luther nicht ersetzen oder verdrängen, wohl aber ihn ergänzen.

Bei Paul Gerhardt kommt es in starkem Maße zum Durchbruch des Subjektiven. Er spricht sich selbst in seinen Dichtungen aus. Das Ich seiner Lieder ist nicht mehr ohne weiteres dem Wir der Gesamtgemeinde gleichzusetzen. Trotzdem steht Paul Gerhardt mit seinen Liedern stets im Zentrum des evangelischen Glaubens. Seine Lieder singen von der Rechtfertigung des Sünders durch Gottes Barmherzigkeit.

Paul Gerhardts Stärke sind seine freien Dichtungen; Nachdichtungen sind im Vergleich dazu oft spürbar schwächer.

Das Evangelische Kirchengesangbuch enthält im Stammteil dreißig Lieder aus dem Schaffen Paul Gerhardts:

Advent 10 Wie soll ich dich empfangen
Weihnachten 27 Fröhlich soll mein Herze springen
W " 28 Ich steh an deiner Krippe hier
W " 29 Kommt und laßt uns Christus ehren
W " 30 Wir singen dir, Immanuel
Jahreswende 42 Nun laßt uns gehn und treten
Passion 62 Ein Lämmlein geht und trägt die Schuld
Passion 63 O Haupt voll Blut und Wunden
P " 64 O Welt, sieh hier dein Leben
Ostern 86 Auf, auf, mein Herz, mit Freuden
Ostern 105 Zieh ein zu deinen Toren
Trauung 172 Wie schön ists doch, Herr Jesu Christ
Psalmlieder 185 Herr, der du vormals hast dein Land (Ps. 85)
197 Du meine Seele, singe (Ps. 146)
Lob & Dank 230 Ich singe dir mit Herz und Mund
Danklied 231 Nun danket all und bringet Ehr
" 232 Sollt ich meinem Gott nicht singen
Christl. Glaube 250 Ist Gott für mich
Kreuz, Trost 294 Befiehl du deine Wege
" 295 Gib dich zufrieden und sei stille
" 296 Schwing dich auf zu deinem Gott
Tod und Ewigkeit 297 Warum sollt ich mich denn grämen
326 Ich bin ein Gast auf Erden
Morgen 346 Die güldne Sonne voll Freud und Wonne
" 347 Lobet den Herren alle, die ihn ehren
" 348 Wach auf, mein Herz, und singe
Abend 361 Nun ruhen alle Wälder
Sommer 371 Geh aus, mein Herz, und suche Freud
Arbeit, Beruf 384 Ich weiß, mein Gott, daß all mein Tun
Volk, Vaterland 392 Gott Lob, nun ist erschollen.

§ 9 Das Lied im Pietismus (1680–1750)

Das pietistische Lied ruft zu einem lebendigen Glauben auf. Es appelliert dabei in erster Linie an das fromme Gefühl. Der Inhalt der Lieder kreist besonders um Bekehrung und Heiligung, um Absage an die Welt und um Hingabe an Christus, den himmlischen Bräutigam. – Erstmalig findet sich im pietistischen Lied der Missionsgedanke. – Die Sprache der Lieder ist oft schwülstig oder sentimental. In das Evangelische Kirchengesangbuch konnte aus theologischen und dichterischen Gründen nur eine kleine Auswahl aus dem pietistischen Liedgut aufgenommen werden.

Luther hatte seine Lieder mit durchaus persönlicher Frömmigkeit gesungen. Aber seine Frömmigkeit ist nicht der Inhalt seiner Lieder. Diese inhaltliche Wandlung vollzieht sich im pietistischen Lied. Auf eine Formel gebracht heißt das: Es wird jetzt nicht mehr nur mit Frömmigkeit gesungen, sondern die Frömmigkeit wird besungen.

Im Unterschied zu vielen Liedern etwa aus der Zeit der Gegenreformation zeichnet sich das Lied dieser Epoche durch eine besondere Frische der Sprache aus. Auch das pietistische Lied ist vielfach Kampflied. Aber es geht jetzt nicht mehr um den Bekenntniskampf, sondern um den Kampf des Christen mit der Welt. Von dem doppelten neutestamentlichen Ansatz (liebende Hinwendung zur Welt – Bewahrung vor der Welt) wird der zweite oft einseitig betont.

Wie der Pietismus die »ecclesiola in ecclesia« (das Gemeindchen in der Gemeinde, die kleine Schar der entschiedenen Christen) sammeln wollte und damit von vornherein nicht auf die große Menge angelegt war, so sind auch seine Lieder nicht auf Massenwirkung berechnet, sondern sind Gesänge für die Zusammenkünfte eines kleinen Kreises von Leuten, denen es um ihr Christentum ernst ist.

Der gottesdienstliche und dogmatische Bezug der Lieder tritt spürbar zurück. Statt des Glaubensliedes finden wir das Andachtslied, in dem die Brautmystik eine besondere Bedeutung erlangt. Immer wieder werden Bilder aus dem Hohenlied der Liebe oder aus dem Gleichnis von den klugen und törichten Jungfrauen verwendet, wobei oft noch eine unbiblische Akzentverschiebung geschieht, indem der einzelne Christ und nicht die Gemeinde als Braut Christi verstanden wird.

Als Vorläufer der pietistischen Liederdichtung ist *Johann Scheffler* (1624 bis 1677) zu nennen. Scheffler hat eine besonders bewegte Lebensgeschichte: Er wurde streng lutherisch erzogen. Schon als Kind verlor er beide Eltern. Er begann 1643 mit seinem Medizinstudium in Straßburg. Nach einem Studienplatzwechsel lernte er in Leyden in Holland die mystische Form eines schwärmerischen Katholizismus kennen, die ihn sehr anzog. Unter diesem Einfluß studierte Scheffler die großen Schriften der mittelalterlichen Mystik, vornehmlich Werke von Meister Eckehart und Johannes Tauler. Schließlich kam es zu einem Bruch mit der lutherischen Kirche. Er konvertierte und wurde mehr und mehr zu einem streitbaren Verfechter der Gegenreformation. Beim Konfessionswechsel nahm er den Vornamen Angelus an. Als Angelus Silesius (= schlesischer Engel) ist er in die Literaturgeschichte eingegangen. Die vier Lieder, die das Evangelische Kirchengesangbuch von ihm enthält:

    253 Auf, Christenmensch, auf, auf zum Streit
    254 Ich will dich lieben, meine Stärke
    255 Liebe, die du mich zum Bilde
    256 Mir nach, spricht Christus, unser Held

sind für die Dichtkunst Johann Schefflers keineswegs typisch. Kennzeichnend für den Mystiker Scheffler wäre viel eher ein Vers wie dieser:

    »Halt an, wo laufst du hin?
    Der Himmel ist in dir:
    Suchst du Gott anderswo,
    du fehlst ihn für und für.«

Oder dieser:

    »Die Schrift ist Schrift, sonst nichts.
    Mein Trost ist Wesenheit,
    und daß Gott zu mir spricht
    das Wort der Ewigkeit.«

Doch ist ein typisch pietistischer Zug auch in seinen Liedern, die in das Evangelische Kirchengesangbuch aufgenommen wurden, zu finden: die Weltflucht. Wenn es in seinem Liede »Mir nach, spricht Christus, unser Held« heißt: »Verlaßt die Welt!«, so ist das sehr mißverständlich. Daß der Christ sich in der Welt zu bewähren und eine Aufgabe an der Welt hat, kommt in seinen Liedern nicht zum Klingen.

Johann Jakob Schütz (1640–1690) wurde beeinflußt von Philipp Jakob Spener, dem Vater des deutschen Pietismus. Er gehörte zu denen, die sich zunächst neben dem Besuch des sonntäglichen Gottesdienstes in kleinen Erbauungsversammlungen (Collegia pietatis) in Häusern zusammenfanden. In späteren Jahren sonderte er sich mehr und mehr von der Kirche ab. Er ließ seine Kinder zwar noch taufen, nahm dann aber an den Abendmahlsfeiern der Gemeinde nicht mehr teil und trennte sich schließlich so sehr von der Landeskirche, daß er von keinem Pfarrer beerdigt wurde, nachdem er auch das Abendmahl als letzte Wegzehrung ausgeschlagen hatte. Im Jahre 1675 gab er eine Erbauungsschrift heraus (»Christliches Gedenkbüchlein zur Beförderung eines anfangenden neuen Lebens, worin zur Ablegung der Sünde, Erleuchtung des inneren Menschen und der Vereinigung mit Gott in möglichster Kürze und Einfalt die erste Anregung geschieht«), der er fünf Lieder beifügte. Eines davon gehört zu den Perlen des evangelischen Kirchenliedes:

>233 Sei Lob und Ehr dem höchsten Gut.

Die Sprache dieses Liedes ist innig, erhebend, aber nicht überschwenglich. Es ist ähnlich wie bei den Liedern Johann Schefflers: Der typisch pietistischen Aussage, die sich in anderen seiner Lieder findet, war keine Aufnahme in das Liedgut der Kirche beschieden.

In Sprache und Thematik gehört *Johann Heinrich Schröder* (1667–1699) ganz eindeutig zu den Dichtern des Pietismus. Auch in seinen Liedern

>259 Eins ist not
>260 Jesu, hilf siegen

finden wir wiederum den Gedanken der Weltflucht und der innigen Hinwendung zu Jesus. Jesus hat zwar (Lk. 10,41.42) die scheinbar inaktive Maria gelobt gegenüber der geschäftigen Martha. Aber Schröder geht doch wohl wesentlich über das Anliegen Jesu hinaus, wenn er aus dieser Erzählung den Satz bildet (259,2):

>»Laß, was irdisch ist, dahinten,
>schwing dich über die Natur!«

Auch die Neigung zum tändelnden Singen teilt Schröder mit vielen pietistischen Sängern seiner Zeit. Aussagen wie diese (259,9):

>»Nichts Süßes kann also mein Herze erlaben,
>als wenn ich nur, Jesu, dich immer soll haben«

kann man heute nur mit einem gewissen Widerwillen singen.

Der Pietismus war eine Geistesströmung, die über die Konfessionsgrenzen hinwegging. So hat es auch unter den reformierten Dichtern Pietisten gegeben. Zwei von ihnen verdienen, besonders hervorgehoben zu werden:

Joachim Neander (1650–1680), Sohn eines Lehrers, studierte reformierte Theologie. Unter dem Eindruck einer Erweckungspredigt geriet er ganz in den Ausstrahlungsbereich des Pietismus. Er hat es in seinem kurzen Leben nie zu einem Pfarramt gebracht, sondern wirkte zunächst als Hauslehrer, schließlich als Rektor an einer Schule in Düsseldorf. Von ihm sind vor allem die beiden »Königslieder« zu nennen:

>234 Lobe den Herren, den mächtigen König
>235 Wunderbarer König, Herrscher von uns allen.

Im Unterschied zur lutherischen Theologie wird in der reformierten Kirche stärker der Abstand Gottes vom Menschen betont und dabei auch das Königsprädikat für Gott wesentlich häufiger verwendet als im lutherischen Bereich. Es gehört zu den beglückenden ökumenischen Erfahrungen, daß die Kirchenlieder schon zu Zeiten, in denen sich die christlichen Konfessionen überwiegend polemisch gegenüberstanden, gemeinsamer Besitz der Streitenden waren. So gehörte Neanders Lied »Lobe den Herren, den mächtigen König« schon sehr bald zum Gemeingut aller deutschsprechenden christlichen Kirchen. Auch sein Abendlied soll genannt werden:

>365 Der Tag ist hin, mein Jesu, bei mir bleibe.

Gerhard Tersteegen (1697–1769), von Beruf Kaufmann und Bandweber, ist eine der großen betenden Gestalten der Kirchengeschichte. In seiner zweiten Lebenshälfte war er hauptsächlich als Erweckungsprediger und Seelsorger tätig. Die brüderliche Verbundenheit aller Christen findet in seinen Liedern einen bewegten Ausdruck. Doch suchen wir vergeblich nach Liedern von der Kirche, nach Liedern vom Sakrament. Tersteegen hat sich mehr und mehr vom kirchlichen Leben zurückgezogen und lebte als Abgeschiedener (vgl. EKG 128,7), der sich im Gespräch und auch brieflich als Seelenhirte betätigte. Tersteegen spricht eine ganz persönliche, verinnerlichte Sprache in seinen Liedern. Seine Dichtungen gehören zu dem Besten, was die reformierte Kirche dem deutschsprachigen evangelischen Kirchenlied gegeben hat.
Tersteegen ist, obwohl typisch pietistischer Dichter, allem Bekehrungsmethodismus abhold. So singt er (128,6):

>»Wie die zarten Blumen
>willig sich entfalten
>und der Sonne stille halten,
>laß mich so
>still und froh
>deine Strahlen fassen
>und dich wirken lassen.«

Auch gilt er als Vater des von einem sozialen Verantwortungsbewußtsein getragenen Kirchenliedes (272,8):

> »Sollt wo ein Schwacher fallen,
> so greif der Stärkre zu;
> man trag, man helfe allen ...«

Von den zehn Liedern, die das Evangelische Kirchengesangbuch enthält, seien folgende angeführt:

> 112 Brunn alles Heils
> 128 Gott ist gegenwärtig
> 270 Allgenugsam Wesen
> 272 Kommt, Kinder, laßt uns gehen
> 367 Nun sich der Tag geendet.

Zu den Liederdichtern der pietistischen Zeit zählen wir auch *Benjamin Schmolck* (1672–1737), obwohl er selbst sich diese Zuordnung wahrscheinlich energisch verbeten hätte. Er gehörte zu den bewußt orthodoxen Theologen; allerdings war er keine streitbare Natur. Von klein auf zeigte sich bei ihm eine dichterische Begabung. Insgesamt hat er fast 1200 Lieder veröffentlicht. Dieser Quantität entspricht leider keineswegs immer die Qualität seiner Texte. Es ist Schmolcks Begabung und Gefahr, daß ihm die Bilder in seinen Dichtungen nur so zufallen. Beispielsweise dürfte es kaum einem Sänger möglich sein, in der vorletzten Strophe seines Tauflieds all die Bilder wirklich innerlich an sich vorbeiziehen zu lassen, die in so schneller Folge wechseln (151,4):

> »Hirte, nimm das Schäflein an,
> Haupt, mach es zu deinem Gliede,
> Himmelsweg, zeig ihm die Bahn,
> Friedefürst, sei du sein Friede,
> Weinstock, hilf, daß diese Rebe
> auch im Glauben dich umgebe.«

Im allgemeinen kann man feststellen, daß Schmolck in besonderer Weise die Gabe hatte, bestimmte Glaubensinhalte in kurzer, einprägsamer Weise zu formulieren. Während Schmolck in früheren Gesangbüchern mit einer Vielzahl von Liedern vertreten war, enthält das Evangelische Kirchengesangbuch (Stammteil) deren nur noch fünf:

> 43 Jesus soll die Losung sein
> 107 Schmückt das Fest mit Maien
> 129 Tut mir auf die schöne Pforte
> 151 Liebster Jesu, wir sind hier
> 394 Herr, höre, Herr, erhöre.

Der seiner Persönlichkeit nach bedeutendste Vertreter der pietistischen Dichtung ist *Nikolaus Ludwig Graf von Zinzendorf* (1700–1760). Zinzendorf war der Sohn eines sächsischen Ministers. Er studierte zunächst Jura. Schon als Kind entwickelte sich in ihm ein starker religiöser Drang, den er in Gebetsversammlungen mit Gleichaltrigen betätigte. Früh wuchs in ihm die Liebe zur Heidenmission. Als weitgereister Mann hatte er sich auch eine überkonfessionelle Weite des Blickes erworben. Er gewährte den böhmisch-mährischen Exulanten auf seinem Grund und Boden Heimatrecht und wurde so zum Begründer der Herrnhuter Brüdergemeine, die sich im Jahre 1722 auf dem Hutberg in der Nähe von Berthelsdorf niederließ. Zinzendorf war als Liederdichter ungemein aktiv. Er wußte, »daß die Lieder die beste Methode sind, Gottes Wahrheiten ins Herz zu bringen und darinnen zu konservieren«. Etwa zweitausend geistliche Gedichte hat er hinterlassen. In ihrer an Bildern überreichen und häufig den guten Geschmack verletzenden Sprache haben sie sich nur zu einem kleinen Teil über den Kreis der Herrnhuter Brüdergemeine hinaus verbreiten können. Auch dort wurden sie bald nicht mehr in der Originalfassung gesungen. Ein großer Teil von Zinzendorfs Liedern wurde von *Christian Gregor* (1723–1801) überarbeitet. Gregor scheute sich auch nicht, aus mehreren Liedern Zinzendorfs ein neues zusammenzustellen. Wenn wir heute Zinzendorfs Lied »Herz und Herz vereint zusammen« singen, hören wir den Text nur noch in der Gregorschen Fassung; niemand möchte mehr den originalen Zinzendorf-Text singen:

»Herz und Herz vereint zusammen
sucht in Gottes Herzen Ruh,
keusche Liebes-Geistes-Flammen
lodern auf das Lämmlein zu,
das vor jenes Alten Throne
in der Blut-Rubinen-Pracht
und in seiner Unschuldskrone
liebliche Parade macht.«

Keines der drei Lieder im Stammteil des Evangelischen Kirchengesangbuches ist in der originalen Zinzendorfschen Gestalt aufgenommen worden:

217 Herz und Herz vereint zusammen
273,4 u. 5 (Christi Blut und Gerechtigkeit)
274 Jesu, geh voran.

Unter Zinzendorfs Formulierungen finden sich aber doch auch solche von großem hymnischem Schwung und bleibender Aussagekraft. Erinnert sei an sein Lied, das sowohl im unierten als auch im lutherischen Gesangbuch-Anhang zu finden ist:

»Herr, dein Wort, die edle Gabe,
dieses Gold erhalte mir;
denn ich zieh es aller Habe
und dem größten Reichtum für.
Wenn dein Wort nicht mehr soll gelten,
worauf soll der Glaube ruhn?
Mir ist's nicht um tausend Welten,
aber um dies Wort zu tun.«

Aus der Spätzeit des Pietismus sei noch *Karl Heinrich von Bogatzky* (1690 bis 1774) erwähnt, dem wir eines der meistgesungenen Missionslieder verdanken:

216 Wach auf, du Geist der ersten Zeugen.

§ 10 Die Zeit der Aufklärung

Wie in der Theologie und kirchlichen Praxis der Aufklärungszeit ganz allgemein der Verstand das bestimmende Prinzip wird, so dominiert auch in den Liedern dieser Zeit das rationale Moment. In einem trockenen Lehrton wird der christliche Glaube ängstlich gegen den Zweifel verteidigt. Die Zweckmäßigkeit der Schöpfung wird besungen. Durch die Lieder soll die menschliche Tugend gefördert werden. Nur wenigen Dichtern dieser Zeit war es geschenkt, Lieder von bleibender Bedeutung zu schaffen.

So gegensätzlich Pietismus und Aufklärung in Theologie und Frömmigkeit (speziell im Kirchenlied) auch sein mochten, so einig waren sie sich doch in der Ablehnung einer lebensfernen Dogmatik, die aus vielen orthodoxen Predigten und Liedern sprach. Während aber die Vertreter des Pietismus in einer betonten Herzensfrömmigkeit das Heilmittel erblickten, hatten die Aufklärungstheologen ganz andere Ideale: die Lieder sollten sprachlich auf der Höhe der Dichtkunst ihrer Zeit stehen; sie sollten »vernünftig« und »rührend« sein und den Menschen im erfahrbaren Umfeld der Schöpfung ansprechen. Wir sollten eine Schwarz-Weiß-Malerei vermeiden und – bei aller begründeten Kritik – auch die positiven Ansätze zur Gestaltung des Kirchenliedes nicht übersehen.

Christian Fürchtegott Gellert (1715–1769) wuchs in einer kinderreichen Pfarrersfamilie in Hainichen in Sachsen auf. Schon als Kind war er ängstlich und schüchtern. Er wollte gern Pfarrer werden, mußte aber trotz seiner einzigartigen Begabung für diesen Beruf um seiner Hemmungen willen diesen Plan aufgeben. Er wurde Dozent für Philosophie und Moral an der Universität in Leipzig. In seiner Bescheidenheit hatte er eine ungeahnte Ausstrahlungskraft. Statt der erwarteten geringen Hörerzahl saßen bis zu vierhundert Studenten in seinen Vorlesungen. Was ihm als Redner nicht glückte – unmittelbar Kontakt zu seinen Hörern zu gewinnen –, legte er in seine Feder. Er schrieb eine Fülle gefälliger Fabeln, aber auch eine ganze Reihe von geistlichen Liedern. In beiden Gattungen hört man zwar auf Schritt und Tritt den Professor für Moral. In den Kirchenliedern wirkt der »erhobene Zeigefinger« sogar oft peinlich. – Im sächsischen Landesgesangbuch, das bis vor drei Jahrzehnten im Gebrauch war, stand noch sein Begräbnislied »Meine Lebenszeit verstreicht« mit der zweiten Strophe, die dem Rhetorikprofessor alle Ehre macht:

> »Lebe, wie du, wenn du stirbst,
> wünschen wirst, gelebt zu haben.«

Einige seiner Lieder haben sich jedoch durchgesetzt und ein Heimatrecht in den evangelischen Gesangbüchern erworben:

> 34 Dies ist der Tag, den Gott gemacht
> 71 Herr, stärke mich
> 89 Jesus lebt, mit ihm auch ich
> 350 Mein erst Gefühl sei Preis und Dank

Wie in der Aufklärungstheologie ganz allgemein, so findet sich auch in Gellerts Liedern eine einseitige Bevorzugung des ersten Glaubensartikels. Besonders deutlich wird dies an einem seiner Lieder, das heute noch in einer Reihe von Gesangbuchanhängen steht: »Wenn ich, o Schöpfer, deine Macht«. Die pathetische Sprache, die vielen Dichtern dieser Zeit eigen ist, trifft man auch in Gellerts Dichtungen an. Die dritte Strophe des zuletzt genannten Liedes sei als Beleg dafür angeführt:

> »Wer mißt dem Winde seinen Lauf?
> Wer heißt den Himmel regnen?
> Wer schließt den Schoß der Erde auf,
> mit Vorrat uns zu segnen?
> O Gott der Macht und Herrlichkeit,
> Gott, deine Güte reicht so weit,
> so weit die Wolken reichen.«

Neben Strophen mit vielen rhetorischen Fragen finden sich auch andere, in denen es überaus zahlreiche Ausrufesätze gibt. Als Beispiel dafür sei die letzte Strophe des gleichen Liedes angeführt:

> »Erheb ihn ewig, o mein Geist,
> erhebe seinen Namen!
> Gott, unser Vater, sei gepreist,
> und alle Welt sag Amen!
> Und alle Welt fürcht ihren Herrn
> und hoff auf ihn und dien ihm gern!
> Wer wollte Gott nicht dienen?«

Matthias Jorissen (1739–1823) ist ein Vertreter der Aufklärung in der reformierten Kirche. Auch in der Aufklärungszeit dominiert hier das Psalmlied. So ist es für Jorissen als reformierten Dichter fast eine Selbstverständlichkeit, daß er wiederum eine Umdichtung der Psalmen aus dem Geiste seiner Zeit heraus versucht. 1798 erschien seine »Neue Bereimung der Psalmen«, die er fünf Jahre zuvor fertiggestellt hatte, mit deren Drucklegung er aber so lange zögerte. Mit diesem Psalter sollte die längst überalterte Psalmenübertragung von Ambrosius Lobwasser aus dem Jahre 1573 ersetzt werden. Jorissens Psalter erfreute sich schnell wachsender Beliebtheit. Aus heutiger Sicht ist zwar ohne weiteres zuzugeben, daß Jorissens Texte gegenüber Lobwasser in sprachlicher Hinsicht ein Fortschritt sind. Trotzdem sind sie als typische Produkte der Aufklärungszeit poetisch meist nicht sehr reizvoll. Sechs seiner Psalmlieder wurden in das Evangelische Kirchengesangbuch aufgenommen:

> 180 Großer Gott, du liebst Erbarmen
> 181 Jauchzt, alle Lande, Gott zu Ehren
> 183 Erhebet er sich, unser Gott
> 184 Wie lieblich schön, Herr Zebaoth
> 186 Singt, singt dem Herren neue Lieder
> 196 Lobt Gott, den Herrn der Herrlichkeit.

Aus einem Lied wie der Umdichtung des 68. Psalms (EKG 183) hört man – besonders in der letzten Strophe – ein der Gellertschen Dichtung verwandtes Pathos heraus, das uns den Zugang zu diesen Liedern erschwert.
Typische Beispiele für das Kirchenlied der Aufklärungszeit enthält unser Gesangbuch nicht. Wer dagegen einmal ein Gesangbuch aus der Zeit um 1800 in die Hand bekommt, wird auf Schritt und Tritt »moralinsauren« Texten begegnen. Der Gedanke, daß sich der tugendhafte Mensch durch sein rechtschaffenes Handeln den Weg zum Himmel ebnet, kehrt in immer neuen Varianten wieder. Noch bedenklicher als viele neue Texte dieser Zeit ist der Umstand, daß in den Aufklärungsgesangbüchern die alten Lieder von Luther, Paul Gerhardt und den anderen Sängern der evangelischen Kirche skrupellos umgedichtet und dem Zeitgeist angepaßt wurden (vgl. § 23).

Aber nicht alle Zeitgenossen waren dem Zeitgeist widerstandslos verfallen. So ist die liebenswerte Gestalt des »Wandsbeker Boten« *Matthias Claudius* (1740–1815) eine rühmliche Ausnahme. Seinen rationalistischen Zeitgenossen schrieb er ins Stammbuch:

> »Vernunft, was man nie leugnen mußte,
> war je und je ein nützlich Licht.
> Indes was sonsten sie nicht wußte,
> das wußte sie doch sonsten nicht.
> Nun sitzt sie breit auf ihrem Steiß
> und weiß nun auch, was sie nicht weiß.«
> (Urians Nachricht von der neuen Aufklärung)

Claudius, der Theologie und Jura studiert hatte, traf im Unterschied zu den meisten gelehrten Dichtern seiner Zeit den Volkston. Nach seinem »Bauernlied« (»Am Anfang war's auf Erden nur finster, wüst und leer«) entstand das beliebte Erntedanklied »Wir pflügen und wir streuen«. Aus den siebzehn vierzeiligen Vorsänger-Strophen bei Claudius mit dem dreizeiligen Refrain

> »Alle gute Gabe
> kam oben her, von Gott,
> vom schönen blauen Himmel herab!«

wurde durch Zusammenziehung von jeweils zwei Vierzeilern aus der Liedmitte das vierstrophige Erntedanklied, das im Anhang zum Evangelischen Kirchengesangbuch zu finden ist.

Aber was wäre ein Gesangbuch ohne sein Abendlied

368 Der Mond ist aufgegangen,

jenes Lied, das in einer innigen Weise von der Betrachtung des Abends ausgeht, beschauliche Gedanken über den Mond anschließt, zum Gebet wird und mit der Fürbitte endet? Es gibt wohl kaum ein zweites Lied, das einen so nahtlosen Übergang vom Volkslied zum Kirchenlied vollzieht wie dieses.

§ 11 Das evangelische Kirchenlied von Ernst Moritz Arndt bis zur Mitte des 20. Jahrhunderts

War die Aufklärungszeit auf allen Gebieten, auch auf dem der Kunst, in einer geradezu beneidenswerten Selbstsicherheit geschichtslos vorgegangen, so bringt die deutsche Romantik den geistesgeschichtlichen Gegenschlag: Die »gute alte Zeit« wird wiederentdeckt. Man gewinnt ein neues Verständnis für die antike Bau- und Dichtkunst. Auch auf hymnologischem Gebiet geschieht eine Rückbesinnung: Das deutsche Kirchenlied aus den ersten beiden Jahrhunderten der evangelischen Kirche wird neu gewürdigt. Die Produkte der Aufklärungszeit werden dagegen als nüchtern und kraftlos erkannt. Mit dem Einsetzen der kirchlichen Erneuerungsbewegung entstehen auch wieder geistliche Dichtungen von bleibendem Wert. In den dreißiger Jahren unseres Jahrhunderts ist eine Reihe neuer Kirchenlieder entstanden, die sich durch ihre Bindung an Bibel und Gottesdienst auszeichnen.

Das Jahr 1813 hatte nicht nur ein neues politisches Bewußtsein im Gefolge, sondern es bedeutete auch einen Wendepunkt in geistiger und kultureller Hinsicht. In dem allgemeinen Neuaufbruch und der Neubesinnung kam es auch auf dem Gebiet des Kirchenliedes zu einer radikalen Wende. 1817 erschienen die 95 Thesen des Kieler Theologen Claus Harms, die in der Theologiegeschichte den entscheidenden Markstein auf dem Wege von der Aufklärung zu einer restaurativen Kirchlichkeit bedeuten. Zwei Jahre danach (1819) erschien die Schrift »Von dem Wort und dem Kirchenliede« von *Ernst Moritz Arndt* (1769–1860). Arndt entwickelt in dieser Schrift ein Reformprogramm. Er tadelt die inhaltliche Dürftigkeit und sprachliche Nüchternheit der Lieder aus der Aufklärungszeit und erbost sich vor allem über die Tatsache, daß man den Vätern (den Kirchenlieddichtern bis etwa 1750) so schamlos ins Wort gefallen sei und ihre Lieder umgedichtet habe. Er spricht davon, daß »Mäuse, die keine scharfen Zähne haben«, am guten alten Kern des evangelischen Kirchenliedes »zu knaupern und ihn, wenn nicht zu zerfressen, doch zu zernagen« begonnen haben. Dagegen findet er wieder Geschmack an den alten Dichtungen mit ihrer kernigen, gesunden Sprache. Arndt betätigt sich auch selbst als Dichter. Von seinen Liedern ist einiges sehr zeitbedingt und nur aus dem Erleben der Freiheitskriege heraus zu verstehen, z. B. sein Lied »Der Gott, der Eisen wachsen ließ«. Anderes dagegen erwies sich als gemeindegemäß und hat seine Bewährungsprobe inzwischen bestanden. Im Evangelischen Kirchengesangbuch ist in erster Linie sein Abendmahlslied

160 Kommt her, ihr seid geladen

zu nennen, das besonders durch seine freudige Grundstimmung aufhorchen läßt gegenüber manchem geradezu schwermütigen Abendmahlslied aus den vergangenen Generationen. Auch sein persönliches Glaubenslied in seiner kraftvollen Glaubenszuversicht möchten wir in unserem Gesangbuch nicht mehr missen:

278 Ich weiß, woran ich glaube.

Auf Arndts Bedeutung für die Gesangbuchgeschichte wird noch eingegangen werden (vgl. § 24).

Philipp Spitta (1801–1859) ist ein Vertreter des wieder konfessionell bewußten Luthertums, das dem gesamten kirchlichen Leben neue Impulse zuführt. Spitta war zunächst Uhrmacher, ehe er Theologe wurde. In einer weitverbreiteten Liedersammlung »Psalter und Harfe«, die 1833 in erster Auflage erschien, erwies er sich als begabter Dichter. Von seinen Liedern verdienen auch heute noch volle Beachtung:

> 108 O komm, du Geist der Wahrheit
> 173 Ich und mein Haus, wir sind bereit
> 279 Bei dir, Jesu, will ich bleiben
> 306 Ich steh in meines Herren Hand.

Friedrich Spitta (1852–1924), Sohn des vorigen und Bruder des bekannten Bach-Biographen Philipp Spitta, ist der Mitbegründer und langjährige Herausgeber der »Monatsschrift für Gottesdienst und kirchliche Kunst«, der Vorgängerin der Zeitschrift »Musik und Kirche«. In der MGKK wurden durch Jahrzehnte hindurch die aktuellen hymnologischen und liturgischen Fragen behandelt und in Notenbeilagen alte und neue Lieder zur Diskussion gestellt. Spittas Abendmahlslied

> 165 Im Frieden dein

lehnt sich eng an den Lobgesang des Simeon, das »Nunc dimittis«, an. Ferner ist zu nennen:

> 224 Kommt her, des Königs Aufgebot.

Dieses Lied gibt Zeugnis von seiner Schütz-Begeisterung: Der Text wurde auf eine der Schützschen Melodien zum Becker-Psalter geschrieben (zu dem sie besser geeignet ist als der Originaltext!).

Nach dem ersten Weltkrieg kam es auf dem Gebiete der Kirchenmusik zu einem Neuaufbruch. In kompositorischer Hinsicht ist die Messe a-Moll op. 1 von Kurt Thomas (1925) der Ausgangspunkt. In den folgenden eineinhalb Jahrzehnten entstand eine Fülle neuer geistlicher Musik. 1937 fand in Berlin das Fest der deutschen evangelischen Kirchenmusik statt. Um das neue Gemeindelied war es zu dieser Zeit noch still. Um so beglückender empfanden es die Verantwortlichen jener Jahre, als in *Rudolf Alexander Schröder* (1878–1962), *Jochen Klepper* (1903–1942) und einigen wenigen anderen Dichtern doch noch ein neuer Liederfrühling anzubrechen schien. Schröder war von Beruf Innenarchitekt. Er betätigte sich literarisch zunächst nur nebenberuflich. So dichtete er Homers Epen in deutscher Sprache nach und beteiligte sich auch bei der Übertragung der Dramen von Molière und an anderen dichterischen Aufgaben. Immer mehr fand er den Weg zur geistlichen Dichtung. Zwar sprach Schröder eine »hohe Sprache«, die sich dem schlichten Gemeindeglied nicht ohne weiteres erschließt. Schröder selbst dachte über die Gemeindegemäßheit seiner Lieder sehr bescheiden. Trotzdem hat das Evangelische Kirchengesangbuch von ihm fünf Lieder in den Stammteil aufgenommen:

>133 Wir glauben Gott im höchsten Thron
>153 Der Heiland kam zu seiner Tauf
>162 Brich uns, Herr, das Brot
>225 O Christenheit, sei hocherfreut
>307 Wer kann der Treu vergessen.

Alle diese Lieder zeichnen sich durch eine besondere Tiefe der Gedankenführung und eine edle Sprache aus. Dennoch muß nach den bisherigen Erfahrungen mit dem Evangelischen Kirchengesangbuch gesagt werden, daß seine Lieder – mit Ausnahme des Glaubensliedes – sich in unseren Gemeinden nicht »eingesungen« haben.

Anders sieht es mit Jochen Kleppers Liedern aus. Klepper spricht eine wesentlich schlichtere Sprache, die auch dem einfachen Menschen verständlich ist. Vor allem sein Adventslied, das in Anlehnung an die Epistel zum 1. Advent gedichtet worden ist, hat sich einen festen Platz in unseren Gemeinden erworben:

> 14 Die Nacht ist vorgedrungen.

Unter den Liedern zum Jahreswechsel gibt es wohl keines, das in gedanklicher wie sprachlicher Hinsicht Kleppers Silvesterlied an die Seite zu stellen wäre:

> 45 Der du die Zeit in Händen hast.

Schließlich stammt auch das einzige Mittagslied des Evangelischen Kirchengesangbuchs aus Kleppers Feder:

> 351 Der Tag ist seiner Höhe nah.

Weitere Texte stammen von *Otto Riethmüller* (1889–1938), der vor allem durch sein Abendmahlslied

> 161 Das Wort geht von dem Vater aus

(Übertragung der altkirchlichen Hymne »Verbum supernum prodiens«) und das Lied

> Herr, wir stehen Hand in Hand

> (EKG-Anhänge)

bekannt wurde, von *Waldemar Rode* (geb. 1903), dem wir eine Nachdichtung des Trostkapitels Jes. 40 verdanken:

13 Tröstet, tröstet, spricht der Herr,

und *Kurt Müller-Osten* (1905–1980), der mit einem neuen Weihnachtslied im Gesangbuch vertreten ist:

35 Also liebt Gott die arge Welt.

Auf den Liederfrühling der dreißiger Jahre ist kein Sommer gefolgt. Der zweite Weltkrieg war der Reif, der in der Frühlingsnacht fiel.

§ 12 Texte aus der zweiten Hälfte unseres Jahrhunderts

Neben der Fortführung der hymnologischen Tradition aus der ersten Hälfte unseres Jahrhunderts zeichnen sich Neuansätze vor allem durch folgende Merkmale aus: Verzicht auf den Reim, Aufgabe der herkömmlichen Strophenmodelle, schlichte Sprache. Inhaltliche Lücken im Evangelischen Kirchengesangbuch werden nur zum Teil ausgefüllt. Der theologische Pluralismus unserer Generation findet seinen Niederschlag in der inhaltlichen Differenziertheit neuer Kirchenlieder.

»Singet dem Herrn ein neues Lied!« (Ps. 98,1) Es besteht ein großer Unterschied zwischen dem modischen und dem neuen Lied. Luther hat das Psalmwort so interpretiert, daß das Christuslied – unabhängig von seinem Alter – das neue Lied sei: »Canticum novum est canticum crucis« (das neue Lied ist das Lied vom Kreuz). Aber Luther selbst hat viele neue Lieder in der Sprache seiner Zeit gedichtet. So steht auch vor unserer Generation die Frage nach dem zeitgenössischen Lied, in dem der Glaube unserer Tage in Liedern bezeugt und besungen wird.

Dietrich Bonhoeffer hat, vornehmlich in seinen Briefen, um die Frage der nichtreligiösen Interpretation religiöser Begriffe gerungen und damit die Problemstellung der folgenden Theologengeneration weithin bestimmt. Der Prozeß der Säkularisation stellt die Kirche vor die Frage, ob und inwieweit daraus Folgerungen für das kirchliche Leben abzuleiten sind. Erörterungen zu dieser Thematik wurden jedoch fast durchweg in einer abstrakten Sprache geführt, die keinesfalls die Sprache des Volkes ist. Das Kirchenlied erhält durch eine solche ungegenständliche Ausdrucksweise keine fruchtbaren Impulse.

Das »hymnologische Hauptübel« unserer Tage besteht darin, daß es kein eigentliches Volkslied gibt, das man zum Vergleich heranziehen und an das man stilistisch bei der Schaffung eines neuen Kirchenliedes anknüpfen könnte. Zwar hat man gemeint, im Schlager das Volkslied unserer Tage sehen zu können. Aber der Schlager ist wesensmäßig Sololied, kein Gruppenlied. Er ist »Konsummusik«, wird also nur gehört, aber nicht selbst musiziert.

Heutigen Menschen, speziell Jugendlichen, wird es mitunter schwer, die zum Teil etwas altertümlichen und nicht ohne weiteres eingängigen Texte unserer Gesangbuchlieder nachzuvollziehen. Daher ist es wichtig, bei den Bemühungen um ein neues geistliches Lied auf eine verständliche und möglichst schlichte Sprachgestalt Wert zu legen. Dies darf jedoch nicht so mißverstanden werden, daß eine billige Umgangssprache für das Kirchenlied erstrebenswert sei. Auch in neuen geistlichen Liedern muß eine dichterische Kraft spürbar sein. Der Inhalt verlangt eine ihm gemäße Form.

Eine Predigt wird nicht dadurch aktuell, daß man sie im Straßenjargon hält. Analog gilt das auch für die Texte neuer Lieder. Es ist eine falsche Annahme, ein Kirchenlied würde dadurch modern und zeitgemäß, daß man unbesehen den Wortschatz der alltäglichen Umgangssprache dafür verwendet. Unser Singen und Sagen muß etwas von der Transparenz allen kirchlichen Redens aufweisen, das mehr ist als zwischenmenschliche Mitteilung. Die Texte der überwiegenden Mehrzahl der heutigen Schlager haben sprachlich ein ausgesprochen niedriges Niveau. Mit gutem Grund nennt man ihre Verfasser »Texter«, aber nicht »Dichter«. Es soll freilich nicht verkannt werden, daß Texter dieser Richtung zum Teil bemüht sind, auch mit ihren Stilmitteln echte Aussage zu erreichen (Song, Chanson, Protestsong). Das klischeehafte Grundthema vieler Schlager (Ich bin so allein; aber wenn du zu mir kommst, dann bin ich glücklich!) ist dagegen zu oberflächlich, als daß es Anknüpfungspunkt für ein neues Kirchenlied sein könnte oder sollte (»Im Garten von Gethsemane war Jesus *so allein...*«).

In der deutschen Sprache – so hat man ermittelt – gibt es zwei- bis dreitausend mögliche Reime. Diese sind inzwischen durchweg bekannt, gebraucht und zum größten Teil auch verbraucht. Der Endreim Gott – Brot – Not ist praktisch erschöpft. Man gerät damit unausweichlich in ausgefahrene Gleise. Um dem zu entgehen, hat man mehrfach versucht, reimlose Strophen zu gestalten. Diese Versuche haben sich jedoch bisher nicht als gemeindegemäß erwiesen. So wird Markus Jennys inhaltlich und sprachlich gediegene Übertragung des altkirchlichen »Veni creator spiritus« (wofür es seit Thomas Müntzer und Martin Luther bis heute keine wirklich überzeugende Verdeutschung gibt) kaum gesungen. Zwar steht sie in mehreren neuen Gemeinde- und Chorliederbüchern; aber doch fehlt ihr die »Griffigkeit« eines Reimstrophenliedes:

> Komm, allgewaltig heilger Hauch,
> der alle Kreatur belebt;
> o komm, erfüll uns bis zum Grund
> und bleib in uns, o Heilger Geist.
>
> Der Gaben Vielfalt teilst du aus
> und waltest schaffend fort und fort;
> du kommst, wie uns verheißen ist,
> tust uns den Mund zum Zeugnis auf. ...

Als gemeindegemäßer hat sich ein reimloses Abendlied erwiesen, für dessen Text Christa Weiß und Kurt Rommel gemeinsam verantwortlich zeichnen:

> Bevor die Sonne sinkt,
> will ich den Tag bedenken.
> Die Zeit, sie eilt dahin,
> wir halten nichts in Händen. ...
>
> Bevor die Sonne sinkt,
> will ich dir herzlich danken.
> Die Zeit, die du mir läßt,
> möcht ich dir Lieder singen.
>
> Bevor die Sonne sinkt,
> will ich dich herzlich bitten:
> nimm du den Tag zurück
> in deine guten Hände.

Die bildhafte und doch schlichte Sprache dieser Zeilen läßt den Gedanken an den fehlenden Endreim kaum aufkommen.
Sowohl auf den Reim als auch auf ein poetisches Strophenschema verzichten einige neue Lieder, die an den Prosatext eines Bibelworts anknüpfen und dazu weitere Strophen nach dem gleichen Silbenmaß ergänzen. Die bisherigen Versuche in dieser Richtung haben noch nichts Bleibendes hervorgebracht. Als Beispiel sei die Weiterführung der messianischen Weissagung Jesaja 9,5 durch Ilse Schnell angeführt:

> Uns ist ein Kind geboren,
> ein Sohn ist uns gegeben.
> Und die Herrschaft ist auf seiner Schulter,
> und er heißt Wunderbar,
> Rat, Kraft, Held, Ewigvater, Friedefürst.

> Uralter Sang Jesajas,
> das Wort ist Fleisch geworden.
> Und in Einfalt öffnet sich die Lilie
> leise dem Engelsgruß;
> Jungfrau, Magd, Mutter, edler Himmelsschrein.
>
> Du Kind bei Stern und Tieren,
> du hellstes Licht der Erde.
> Und die Finsternis hat's nicht begriffen,
> hält schon für dich bereit
> Angst, Qual, Tod, kleines weißes Gotteslamm. ...

Die direkte Anknüpfung an ein vertrautes Bibelwort ist an solchen Versuchen als besonders positives Merkmal hervorzuheben. Denn noch immer erhält das biblische Erzähllied bei weitem nicht den Raum, der ihm zukäme. Für die kirchliche Kinderarbeit hat Gerd Watkinson zwei Bände „Kinderlieder zur Bibel« bereitgestellt (s. Literaturverzeichnis). Aber für die Gemeinde als ganze fehlt etwas Entsprechendes. Das schließt nicht aus, daß ein Teil der in kindgemäßer Art formulierten Lieder auch von Erwachsenen gern übernommen wird. Beispielsweise hat sich Kurt Rommels »Eingangslied zum Kindergottesdienst« sehr schnell über den Kreis der Kindergemeinde hinaus verbreitet:

> Du hast uns, Herr, gerufen,
> und darum sind wir hier.
> Wir sind jetzt deine Gäste
> und danken dir. ...

Ein ganz neuer hymnologischer Arbeitszweig ist die Übertragung fremdsprachiger Kirchenlieder ins Deutsche, was es seit Luther nur in Ausnahmen gegeben hat. Während wir es als selbstverständlich anzusehen gewohnt sind, daß Luthers und Paul Gerhardts Lieder in viele Sprachen übersetzt und global verbreitet wurden, hat es erst kräftiger Anstöße bedurft (die vor allem von den Tagungen der Internationalen Arbeitsgemeinschaft für Hymnologie ausgingen), die eigene Selbstgenügsamkeit zu durchbrechen und auf die Schätze in alten und neuen Gesangbüchern des Auslands hinzuweisen, die es für uns zu erschließen lohnt. Eine Übertragung beispielsweise aus dem Niederländischen (oder aus anderen dem Deutschen verwandten Sprachen) ist dabei im allgemeinen ziemlich komplikationslos möglich.
Zu Übertragungen aus dem englischen Sprachbereich wären auch die Spiritual-Eindeutschungen zu zählen, die sich seit den sechziger Jahren vor allem in der Jungen Gemeinde großer Beliebtheit erfreuen. Die naiv-unreflektierte

Glaubenshaltung dieser afro-amerikanischen Lieder erfordert in der Regel nicht nur eine Übersetzung, sondern mehr noch eine inhaltliche Transformation des Textes.

Wer die hymnologische Entwicklung der letzten drei Jahrzehnte zu skizzieren versucht, darf auch den neuen Sproß am Stamm des pietistischen Erweckungsliedes nicht übersehen. Im deutschen Sprachraum ist hier vor allem auf die weitverbreitete mehrbändige Sammlung »Jesu Name nie verklinget« (Hänssler-Verlag Stuttgart) hinzuweisen. Sprach- und musikstilistisch wird hierbei an das frühere »Reichsliederbuch« und verwandte Publikationen angeknüpft, deren theologische und musikalische Linie durch die Singbewegung der zwanziger und dreißiger Jahre endgültig überwunden zu sein schien.

Die Lieder des Evangelischen Kirchengesangbuchs sind weithin von einem Lebensgefühl getragen, das dem des 20. Jahrhunderts nicht oder doch nur sehr bedingt entspricht. Manche einfältige Aussage des 16. Jahrhunderts ist für uns heute nicht mehr nachzuvollziehen. Das Pathos der Aufklärungszeit empfinden wir als hohl. An den Morgen- und Abendliedern aus früheren Jahrhunderten wird der Unterschied zu uns Heutigen sehr deutlich. Für uns hat die Nacht den Charakter des Unheimlichen verloren. Wir machen sie zum Tage. Der anbrechende Morgen wird dann in der Regel nicht mehr wie von unseren Vorvätern mit einem großen Aufatmen der Erleichterung begrüßt. Dies ist aber die Grundstimmung der meisten älteren Morgenlieder.

Auch inhaltlich gibt es im Evangelischen Kirchengesangbuch spürbare Lücken, die es zu schließen gilt. Alle Lieder unseres Gesangbuches gehen von der Voraussetzung der Volks- bzw. Staatskirche aus. Unsere Situation entspricht aber mehr der des Neuen Testaments: die Kirche lebt in einer nichtkirchlichen Umwelt. Die Gemeinde muß, wenn sie sich selbst recht versteht, um den Dienst wissen, den sie den Nichtchristen schuldig ist. Uns fehlen aber weithin die Lieder, in denen von der sozialen Verantwortung der Kirche und von ihrem Missionsauftrag die Rede ist. Auch muß es zu denken geben, daß das gesamte Gebiet der Technik im Loben, Danken und Bitten unseres Kirchenliedes unberücksichtigt blieb.

Lieder zum Gottesdienst und zum Kirchenjahr sucht man unter den neuen Liedern fast vergebens. Biblische Bezüge in den Liedern finden sich wesentlich seltener als in früheren Epochen. Beachtung verdienen einige Psalm-Transformationen, das sind Lieder, die sich nicht darauf beschränken, den biblischen Psalm in der Art von Lobwasser, Becker oder Jorissen in Reimstrophen umzugießen, sondern die auch gedanklich den Psalm in die Fragestellungen unserer Generation hinein »transformieren«.

Bei den Aussagen über Gott scheint die Erfahrung des Deus absconditus (des verborgenen Gottes) die des Deus revelatus (des offenbarten Gottes) zu übertreffen. Bedenklich muß es stimmen, daß das doxologische Moment in den neuen Liedern in beängstigender Weise zu kurz kommt. Auch gibt es fast keine neuen Christuslieder. Sollte es nicht möglich sein, in den Liedern unserer Tage in modernem sprachlichem Gewand zum Zentrum unseres Glaubens vorzustoßen?

Zur Anthropologie dieser Lieder ist festzustellen, daß häufig die Frage nach dem Sinn des Lebens gestellt wird. Ist es dabei echter Erlebnisausdruck, daß man in immer neuen Variationen davon spricht, man sei »so einsam« und »so allein«? Oder ist dies nicht vielmehr klischeehaftes Reden? Während die Anknüpfung an die Situation des Christen heute noch relativ gut gelingt, ist es um das positive Glaubenszeugnis wesentlich schlechter bestellt: Entweder wird dieses Zeugnis zentral formuliert – dann ist es fast stets in ein altes sprachliches Gewand (die »Sprache Kanaans«) gekleidet – oder aber man bemüht sich um eine moderne sprachliche Gestalt – dann bleiben die Aussagen meist am Rande, in der Unverbindlichkeit stehen.

Abschließend sei zur »Theologie der neuen Lieder« summarisch folgendes gesagt: Die Kirche wird als Organisation und im Blick auf ihre Traditionen in vielen dieser Lieder in Frage gestellt. Die volkskirchliche Situation gehört der Vergangenheit an; der Sendungsauftrag des Christen und der Kirche wird neu formuliert. Das Verhältnis zwischen den christlichen Kirchen läßt sich nicht mehr im abgrenzenden Sinne umfassend beschreiben. Es gibt aber bisher nur verschwindend wenig neue Lieder, die den Gedanken der Einheit der Kirche Christi in den Vordergrund stellen und als das uns gewiesene Ziel beschreiben.

So ist der Eindruck zwiespältig: Einerseits sind positive Ansätze nicht zu verkennen; andererseits bleiben so zahlreiche Wünsche offen, daß wir keinen Grund haben, so zu tun, als hätten wir schon ein gültiges neues geistliches Lied.

Es hat wohl kaum eine Epoche des evangelischen Kirchenliedes gegeben, in der so viele neue Texte entstanden wie in den vergangenen beiden Jahrzehnten. Es ist jetzt an der Zeit, die Spreu zu sieben und Ausschau nach den Weizenkörnern zu halten, die sich unter der Spreu finden. Zwei positive Beispiele für neue Lieder – je ein Strophen- und ein Refrainlied – seien abschließend zitiert. Beide stehen unverkennbar auf dem Boden des alten Kirchenliedes, sind aber doch eindeutig in der Sprache unserer Zeit geschrieben. Beide zeichnen sich durch eine unpathetische, aber doch poetische und gemeindenahe Diktion aus.

Gerhard Valentin knüpft in einem Lied an das bekannte Wort aus der Bergpredigt an, in dem Jesus seine Jünger das Salz der Erde und das Licht der

Welt nennt (Mt. 5,13.14) und mit diesem Bild ihren Sendungsauftrag umschreibt:

> Der Herr hat uns das Salz genannt
> auf Erden und das Licht;
> es liegt nicht mehr in unsrer Hand:
> wollen oder nicht.
>
> Wir haben Angst und werden klein
> und sind noch nicht bereit;
> doch sein Wort heißt nicht: ihr sollt sein,
> sein Wort heißt: ihr seid!
>
> Er hat uns schon in Dienst gestellt
> bei Strafe des Gerichts:
> der Erde Salz und Licht der Welt
> oder tot und nichts.

Als zweites Beispiel sei ein Text von *Kurt Rommel* angeführt, der nicht von einem Bibeltext, sondern von der Erfahrung persönlichen Versagens ausgeht, das dann im Gebet (Refrain) mit Gott konfrontiert wird:

> Ich rede, wenn ich schweigen sollte,
> und wenn ich etwas sagen sollte,
> dann bin ich plötzlich stumm.
>> Herr, hilf das Rechte sagen,
>> hilf uns das Gute wagen.
>> Hilf uns das Gute wagen,
>> Herr, hilf das Rechte tun.
>
> Ich schweige, wenn ich reden sollte,
> und wenn ich einmal hören sollte,
> dann kann ich's plötzlich nicht.
>> Herr, hilf ...
>
> Ich glaube, wenn ich zweifeln sollte,
> und wenn mein Glaube tragen sollte,
> dann bin ich tatenlos.
>> Herr, hilf ...
>
> Ich zweifle, wenn ich glauben sollte,
> und wenn ich kritisch fragen sollte,
> dann nehm ich alles an.
>> Herr, hilf ...

B. Die Singweisenschöpfer

§ 13 Die vorreformatorische Zeit

Außer den Melodien zu

>   130 Kyrie, Gott Vater in Ewigkeit
>   137 Herr Gott, dich loben wir
>   139 Verleih uns Frieden
>   352 Der du bist drei in Einigkeit

und einigen anderen altkirchlichen Hymnenweisen sind auch die mittelalterlichen Weisen zu

>   15 Gelobet seist du, Jesu Christ
>   75 Christ ist erstanden
>   99 Nun bitten wir den Heiligen Geist
>   309 Mitten wir im Leben sind

durchweg anonym überliefert.
Als ältester mit Namen bekannter Singweisenkomponist ist *Heinrich Isaac* (etwa 1450–1517) zu nennen:

>   312 O Welt, ich muß dich lassen.

Dieses Lied ist eine Kontrafaktur, d. h. eine geistliche Umdichtung eines weltlichen Liedes. Isaacs Melodie ist durch den Originalsatz zu »Innsbruck, ich muß dich lassen« bekannt geworden. Da keine stichhaltigen Argumente gegen Isaacs Verfasserschaft sprechen, darf man der Tradition, die ihm außer dem Satz auch die Melodie zuweist, wohl trauen. Die Melodie ist einer der »großen Würfe« in der Musikgeschichte. Daß sich von Händels unendlich vielen Melodien ausgerechnet das Largo aus der Oper »Xerxes« die einmalige Volkstümlichkeit errungen hat, ist im Grunde genausowenig zu erklären wie die Tatsache, daß sich von den vielen Singweisen aus dem Ende des 15. Jahrhunderts gerade diese durch alle Generationen bis zur Gegenwart hindurch in gleicher Weise großer Beliebtheit erfreut hat. Doch entspricht der Beliebtheit dieser Melodie ihre tatsächliche Substanz: Die sechs Zeilen gliedern sich in zwei Hälften, die sich fast notengetreu entsprechen, ohne daß jedoch der

Eindruck einer ermüdenden Wiederholung entsteht. Die musikalische Spannung, der große Bogen dieser Melodie läßt sich vor allem dadurch erklären, daß erst die letzte Zeile mit dem Grundton f (mit dem die Weise angefangen hatte) kadenziert, während die ersten fünf Liedzeilen auf anderen Tonstufen schließen und eine Fortsetzung geradezu erzwingen.

§ 14 Das Reformationszeitalter

Nach dem Vorbild der Meistersinger stellten die Kirchenlieddichter der Reformationszeit in der Regel die Singweisen für ihre Texte selbst bereit. Dies geschah durch Übernahme, Bearbeitung oder Neuschöpfung einer Weise. Die neu geschaffenen Melodien lassen Anklänge an das deutsche Volkslied und an altkirchliche Hymnen erkennen. Die Weisen wollen nicht Ausdeutung, sondern »Sprachrohr« des Textes sein. Normalerweise erhält jeder Text eine eigene Melodie.

Zeitweise wurden *Martin Luther* alle Melodien abgesprochen. Man meinte, er habe sie sich von befreundeten Musikern schreiben lassen. Johann Walter bezeugt aber ausdrücklich Luthers Verfasserschaft für

135 Jesaja dem Propheten das geschah,

wie er auch sonst Luther als ausübenden Musiker schildert. Aus einer überkommenen Handschrift mit dem Autograph von Luthers Vaterunserlied (vgl. MGG, Bd. 8, Tafel 69, oder Blume, Ev. Kirchenmusik, Tafel 7) können wir auch sehen, wie Luther sich um eine Melodie zu diesem Text bemüht hat. Er hat sie dann zwar verworfen; immerhin ist dieses Blatt ein authentisches Zeugnis für Luthers kompositorische Betätigung. Mit Sicherheit ist ihm die Melodie zuzuweisen

201 Ein feste Burg ist unser Gott.

Höchstwahrscheinlich gehen ferner auf Luther zurück:

    16   Vom Himmel hoch da komm ich her
    76   Christ lag in Todesbanden
    178   urspr. zum Text: Ach Gott, vom Himmel sieh darein
    192   Wär Gott nicht mit uns diese Zeit
    195,I   Aus tiefer Not schrei ich zu dir
    239   Nun freut euch, lieben Christen gmein
    241   Vater unser im Himmelreich
    310   Mit Fried und Freud ich fahr dahin.

Den Text »Vom Himmel hoch da komm ich her« hatte Luther ursprünglich als Kontrafaktur auf die Volksliedmelodie »Ich komm aus fremden Landen her« gedichtet; dann hat er aber später seinem Text eine eigene Melodie beigegeben.

Ob bei den genannten Melodien Anlehnungen an Vorbilder vorliegen, läßt sich im allgemeinen nicht nachweisen; dies ist aber bei 135, 201, 239 anzunehmen. Solche Anknüpfungen waren im 16. Jahrhundert allgemein üblich und statthaft, so daß man nicht von Plagiaten sprechen kann.

Bei Anlehnungen an schon vorhandene Melodien wurden mitunter sogar ziemlich einschneidende Veränderungen vorgenommen. Ein schönes Beispiel für eine »gewaltsame Reckung« einer Melodie ist die – nicht von Luther stammende – Weise:

> 245 Kommt her zu mir, spricht Gottes Sohn.

Eine Volksliedmelodie wurde dadurch dem neuen Text angepaßt, daß man die vorletzte Liedzeile wiederholte. Aus der ursprünglich fünfzeiligen Melodie wurde so eine Singweise für ein sechszeiliges Lied.

Johann Walter hat zu zweien seiner Texte im Evangelischen Kirchengesangbuch auch die Melodien geschrieben:

> 139,2 Gib unserm Volke und aller Obrigkeit
> 390 Wach auf, wach auf, du deutsches Land.

Die zuletzt genannte Weise gehört zu den bedeutendsten unseres Gesangbuches. Eine kleine Melodie-Analyse sei hier eingefügt.

Die Melodie erhält ihren besonderen Klang durch den zweimaligen Quartsprung $a^1 - d^2$ zu Beginn der dritten Zeile. Die Quarte hat von jeher als Weckruf Verwendung gefunden. Eine formale Entsprechung zu diesem fanfarenartigen Ruf bilden die beiden Quartsprünge in der letzten Zeile $d^2 - a^1$ und $h^1 - fis^1$. Die Melodie kommt mit dem Umfang von genau einer Oktave aus. Die erste Zeile baut die Spannung zwischen Grundton und Dominantton auf. Die zweite Zeile überhöht sie, indem sie sich bis zur Oktave aufschwingt; sie mündet aber wieder in die Dominante a^1 ein. Nach der Wiederholung wird der Tonraum verlagert. Das Spannungsfeld baut sich zwischen fis^1 und d^2 auf. Die dritte Zeile, die mit den beiden hohen Quartsprüngen beginnt, schließt nach einem »dynamischen Decrescendo« auf der Terz. Die vierte (vorletzte) Zeile baut die Spannung erneut auf, ehe die letzte Zeile noch einmal den gesamten Tonraum von oben nach unten durchschreitet und – verstärkt durch eine sechstönige Schleife auf der vorletzten Textsilbe – höchst organisch in die Finalis d^1 einmündet. Die Melodie enthält verhältnismäßig viele Sekundschritte, ist daher leicht sangbar. Trotzdem atmet sie eine ganz unmittelbare Frische und Aggressivität. Dies hängt auch damit zusammen, daß sie sich überwiegend in dem oberen Tetrachord der Tonleiter bewegt, wodurch in besonderer Weise die Spannung erhalten wird. Der Ausgangston d^1 wird überhaupt erst wieder gegen Ende erreicht. Bis dahin wird ein Spannungsbogen gebaut, der in der Liedgeschichte unserer Kirche seinesgleichen sucht.

Eine Reihe von anonym überlieferten Melodien, die erstmals im Chorgesangbuch von 1524 (vgl. § 20) mit Walters eigenen Sätzen veröffentlicht wurden, gehen möglicherweise ebenfalls auf ihn zurück. Doch läßt sich dies nicht schlüssig beweisen. Stilistische Kriterien reichen für solche Neuzuweisungen nicht aus.

Auch *Nikolaus Herman* hat sich als Singweisenschöpfer betätigt. Für seine Melodien gilt das gleiche, was über seine Texte gesagt wurde: sie zeichnen sich durch eine edle Einfalt und echte Kindertümlichkeit aus.

21 Lobt Gott, ihr Christen alle gleich
59 Wir danken dir, Herr Jesu Christ
80 Erschienen ist der herrlich Tag
338 Steht auf, ihr lieben Kinderlein
372 Wir danken Gott für seine Gabn.

Die Bedeutung der *Böhmischen Brüder* ist auf melodischem Gebiete fast noch größer als auf textlichem. Während ein Teil der Texte in der Sprachfassung so archaisch ist, daß eine Aufnahme in das heutige Liedgut ohne eine durchgreifende Überarbeitung nicht möglich war, zeichnen sich fast alle Melodien durch eine bewundernswerte melodische, tonale und rhythmische Vielfalt aus, die wir in den späteren Jahrhunderten in dieser Häufung nicht wiederfinden.

Als Beispiele seien genannt:

2 Gottes Sohn ist kommen
19 Da Christus geboren war
47 O süßer Herre Jesu Christ
56 Christus, der uns selig macht
78 Erstanden ist der heilig Christ (ursprünglich
zu dem Text: Gelobt sei Gott im höchsten Thron)
218 Sonne der Gerechtigkeit
334 Es geht daher des Tages Schein.

Während man sich von lutherischer Seite aus energisch gegen das Eindringen von Texten des reformierten Reimpsalters in lutherische Gesangbücher wehrte, war dies bei den Melodien von vornherein aussichtslos. Auch in Zeiten schärfster konfessioneller Auseinandersetzungen war die Musik »ökumenisch«. Aus dem Genfer Liedpsalter stammen folgende Melodien im Evangelischen Kirchengesangbuch:

    81 Mit Freuden zart
115 Herr Gott, dich loben alle wir
180 Großer Gott, du liebst Erbarmen
181 Jauchzt, alle Lande, Gott zu Ehren
184 Wie lieblich schön, Herr Zebaoth
219 O daß doch bald dein Feuer brennte
282 Wenn wir in höchsten Nöten sein
    (geringfügige Abwandlung der vorigen)
319 Freu dich sehr, o meine Seele
362 Die Sonn hat sich mit ihrem Glanz gewendet.

Bei den frühen Weisen der Genfer Psalmen ist die Herkunft im allgemeinen unklar. *Louis Bourgeois* (etwa 1510 bis nach 1561) war von 1545 bis 1552 Calvins Musikberater in Genf. Zwei Psalmenausgaben von 1547 und 1554 mit vierstimmig homophonen Sätzen benutzen Melodien, für die bisher keine direkten Vorbilder nachgewiesen werden konnten, so daß Bourgeois mit einiger Wahrscheinlichkeit auch als der Schöpfer dieser Singweisen anzusehen ist. Freilich muß durchaus eingeräumt werden, daß es sich zum Teil auch um das »Einrichten« von Vorbildern handeln mag.

Die mehrstimmigen Sätze waren zunächst nur für das häusliche Musizieren gedacht, drangen aber später auch in den Gemeindegottesdienst ein, wobei es teilweise zur schweizerischen Tradition des vierstimmigen Gemeindegesanges kam.

Weiteste Verbreitung erlangten die Lieder des Genfer Psalters besonders durch die Vertonungen *Claude Goudimels* (geboren um 1514, ermordet in der Bartholomäusnacht: 28. August 1572). Ein Zyklus ist in stark polyphoner Durcharbeitung, ein weiterer in mäßiger Figuration und ein dritter (besonders verbreiteter) in schlichten homophonen Sätzen vertont. Letzterer darf als Vorläufer des Schützschen Becker-Psalters angesehen werden. Ambrosius Lobwassers Reimpsalter (vgl. S. 30) fand sicher auch deshalb in Deutschland so schnelle Verbreitung, weil die Texte mit den edlen Goudimelschen Tonsätzen Einzug hielten.

Schließlich ist noch *Philipp Nicolai* als »Arrangeur« der Melodien zu seinen beiden Liedern (vgl. S. 31) zu nennen. Während er aber in textlicher Hinsicht seiner Zeit vorauseilt (seine Sprache enthält ausgesprochen barocke Züge), ist Nicolai in melodischer Hinsicht deutlich rückbezogen: Die Melodien, die er seinen Liedern beigibt, sind im Meistersang verwurzelt und beheimatet.

Eine Analyse der beiden Melodien ergibt eine auffallende Verwandtschaft. Beide sind Zwölfzeiler; beide sind nach dem Schema Stollen – Stollen – Abgesang gesetzt. Typisch für beide ist die Wiederholung zu Beginn des Abgesanges und der Rückgriff der letzten Liedzeile auf das dritte Glied des Stollen. Als Schema ergibt sich (nach W. Blankenburg):

```
48   ‖ : a – b – c : ‖ : d : ‖ e – e – e' – c' ‖
121  ‖ : a – b – c : ‖ : d : ‖ e – f – g – c ‖
```

§ 15 Die Weisen der Frühbarockzeit (Beginn des Generalbaßzeitalters) (1580–1680)

Seit dem Ausgang des 16. Jahrhunderts dringt in steigendem Maße das harmonische Denken in die Melodik ein (kadenzierende Zeilenschlüsse; Dreiklangsbrechungen; chromatische Zeilenübergänge). Die Melodien stammen meist von namhaften Komponisten, die ihre Lieder in der Regel im Kantionalsatz veröffentlichen. Die Gemeinde singt bei diesen Sätzen den Cantus firmus des Chorsatzes mit. Die Melodien haben eine erstaunliche rhythmische Mannigfaltigkeit. Allmählich erfolgt die Ablösung des Kantionalsatzes durch das Generalbaßlied. Weil der Stamm der Gemeindelieder als im wesentlichen abgeschlossen galt, rechnete es in erster Linie mit solistischer Ausführung, worauf der erweiterte Tonumfang der Weisen und die mancherlei Verzierungen hinweisen.

Eine musikgeschichtlich bedeutsame Tat war die grundsätzliche Verlegung des Cantus firmus vom Tenor in den Sopran, wie sie von *Lukas Osiander* vorgenommen wurde. Er gab im Jahre 1586 seine »Fünfzig geistlichen Lieder und Psalmen mit vier Stimmen auf Kontrapunktsweise« heraus. Diese Sätze sind ganz schlicht komponiert, Note gegen Note, aber unter Beibehaltung der originalen rhythmischen Lebendigkeit der Melodien. Als Begründung für seine Neuerung erklärt Osiander, es solle erreicht werden, »daß eine ganze christliche Gemeinde durchaus mitsingen kann«. Dies war bei den Cantus-firmus-Motetten mit Tenor-Cantus kaum möglich, weil die Melodie durch die Oberstimmen so verdeckt wurde, daß die Gemeinde Schwierigkeiten hatte mitzuhalten. Im Zuge der Osianderschen Reform wurde dagegen durch die Vereinfachung des Chorsatzes das Miteinandermusizieren von Chor und Gemeinde ohne weiteres möglich.

Trotz seiner bekannten und anerkannten hohen musikalischen Begabung hatte *Melchior Vulpius* (um 1570–1615) sich mühsam durchs Leben zu hungern, ehe er im Jahre 1596 als Stadtkantor nach Weimar berufen wurde. Gleichzeitig hatte er den gesamten Musikunterricht am dortigen Gymnasium zu erteilen. Dadurch war nun auch seine äußere Existenz gesichert. Er hat eine Reihe bedeutender Melodien geschaffen, von denen als die wichtigsten aus dem Evangelischen Kirchengesangbuch genannt seien:

    79 Gelobt sei Gott im höchsten Thron
  316 Christus, der ist mein Leben
  333 Der Tag bricht an und zeiget sich
  339 Die helle Sonn leucht' jetzt herfür
  355 Hinunter ist der Sonne Schein.

An diesen Melodien ist zu erkennen, wie die Komponisten zur Zeit des Frühbarocks bemüht sind, durch die Melodie den Text auszudeuten. Dabei bezieht sich der Melodist auf den Text der ersten Strophe. Besonders augenfällig wird das an den beiden zuletzt genannten Liedern. Die Melodie zu »Die helle Sonn« beginnt mit einer sich aufschwingenden Bewegung als musikalischer Figur für das Aufgehen der Sonne. Durch die rhythmische Dehnung der vierten Note erreicht Vulpius auch eine sprachlich bedingte Akzentuierung der vierten und fünften Silbe (»Sonn«, »leucht'«). Für das Abendlied hat er schon durch die Tonartenwahl eine ganz andere Stimmung getroffen. Das Sinken der Sonne wird durch den hervortretenden Quintfall am Beginn der Melodie nachgezeichnet.

Eine der verbreitetsten Kirchenliedmelodien ist die Weise zu Paul Gerhardts Lied »O Haupt voll Blut und Wunden«. Sie stammt von *Hans Leo Haßler* (1564–1612), dem zu seiner Zeit größten deutschen Komponisten. Die Melodie begegnet uns in einem fünfstimmigen Haßlerschen Volksliedsatz zu dem Liebeslied »Mein G'müt ist mir verwirret, das macht ein Jungfrau zart«. Nur scheinbar besteht ein unüberbrückbarer Gegensatz zwischen dem ursprünglichen weltlichen Text und der späteren Verwendung beim Kirchenlied. Beim näheren Hinsehen entdeckt man, daß auch der Text des Haßlerschen Madrigals von wehmütiger Trauer und edler Klage durchzogen ist, die in der Melodie ihren Niederschlag gefunden haben.

Haßlers Schüler *Melchior Franck* (um 1580–1639) verdanken wir die Melodien:

    92 Gen Himmel aufgefahren ist
  320 Jerusalem, du hochgebaute Stadt.

Bei der zuletzt genannten Melodie ist der abwärts gehende gebrochene D-Dur-Dreiklang als stilistische Neuigkeit zu erwähnen. Während es noch wenige Jahrzehnte zuvor als Mangel an melodischer Erfindung galt, wenn eine Melodie mehrere Dreiklangstöne hintereinander benutzte, so empfinden die Melodisten des Frühbarocks jetzt gerade den Reiz einer harmoniebezogenen Melodik.

Johann Stobäus (1580–1646), Schüler des hochbedeutenden Komponisten Johann Eccard, dessen Hauptwerk (die Preußischen Festlieder) er nach dem Tode seines Meisters herausgab, ist im Evangelischen Kirchengesangbuch mit einer einzigen Melodie vertreten:

249 Such, wer da will, ein ander Ziel.

Diese Melodie ist jedoch so bedeutsam, daß auf sie kurz eingegangen werden soll. Es handelt sich um eine der ältesten uns bekannten Kirchenliedmelodien, die einen Oktavsprung enthält. (Nach der Melodiebildungslehre des 16. Jahrhunderts waren die großen Sprünge nicht statthaft.) Auch in anderer Hinsicht ist die Melodie interessant, weil an ihr in besonderer Weise der Einbruch der Harmonik in das melodische Geschehen zu erkennen ist. Bei einem Vergleich von Luthers Melodie »Vom Himmel hoch da komm ich her« und dieser Weise wird der Unterschied zwischen einer jonischen und einer Durmelodie besonders deutlich: Von den sieben Melodiezeilen des Stobäus-Liedes schließen fünf so, daß sie im Grunde nur die Oberstimme einer kadenzierenden Harmonik mit den Grundstufen Tonika – Subdominante – Dominante – Tonika sind:

Auch das rhythmische Element dieser Melodie ist zum Teil von der Harmonik her mitbestimmt. Die Dehnungen der jeweils drittletzten Zeilennote von der zweiten bis zur letzten Melodiezeile sind aus ebendiesem harmonischen Geschehen zu erklären, das der Komponist schon bei der Melodiebildung strukturbestimmend einbezogen hat.

Vergleicht man damit Luthers jonische Weise, so ist an keiner Stelle ein Bezug auf eine das melodische Geschehen beeinflussende Harmonik zu erkennen.

Im Unterschied zur vorangegangenen, vor allem aber auch zur nachfolgenden Epoche sind die Singweisenschöpfer des Frühbarocks meist namhafte Komponisten. Dies gilt besonders von dem bedeutendsten evangelischen Komponisten vor Johann Sebastian Bach: *Heinrich Schütz* (1585–1672). Schütz' musikalische Begabung fiel schon in seiner Kindheit auf. Durch Protektion des Landgrafen Moritz von Hessen kam sie zu voller Entfaltung. Schütz war es vergönnt, die wichtigsten musikalischen Strömungen seiner Zeit an Ort und Stelle zu studieren. Besonders seine beiden Studienreisen nach Italien sind hier zu nennen. Seine Hauptbedeutung besteht ohne Frage in seinen motettischen Kompositionen, in denen er in einer bis dahin nicht gehörten Weise das Wort deklamiert und ausdeutet. Seine Kraft der melodischen Erfindung ist so stark, daß er im allgemeinen auf die Verwendung bekannter Cantus firmi verzichtet. Das gilt auch für seine 1628 erscheinende Ausgabe der »Psalmen Davids« (der Psalmenumdichtung von Cornelius Becker, vgl. S. 30). Obwohl Becker seine Texte so eingerichtet hatte, daß sie sämtlich zu überkommenen, der Gemeinde geläufigen Kirchenliedmelodien gesungen werden konnten, hat Schütz nicht die bekannten Melodien bearbeitet, sondern die Psalmumdichtungen ganz neu komponiert. Die Ausgabe von 1628 enthält noch nicht den gesamten Psalter. Dies ist erst in der zweiten Ausgabe von 1661 der Fall, die auf Veranlassung des Kurfürsten Johann Georg II. erschien, der dieses Buch als Kirchen- und Schulgesangbuch einzuführen wünschte.

Es handelt sich durchweg um schlichte vierstimmige Kantionalsätze, selbstverständlich mit Sopran-cantus-firmus. Schütz hat den Sätzen eine Generalbaßbezeichnung beigegeben, so daß die Psalmen auch als Sololied mit Klavierbegleitung auszuführen sind. Die Psalmen Davids sind das einzige Werk des Meisters, das schon zu seinen Lebzeiten mehrere Auflagen erlebte. Die Beliebtheit dürfte weniger auf die häufig recht strohernen Texte als vielmehr auf die gediegenen, einfachen Schützschen Sätze zurückzuführen sein. In das Evangelische Kirchengesangbuch wurden die Melodien zu folgenden Liedern aufgenommen: 190 Wohl denen, die da wandeln
224 Kommt her, des Königs Aufgebot
272 Kommt, Kinder, laßt uns gehen
278 Ich weiß, woran ich glaube.

Nur die erste dieser Melodien ist mit einem Becker-Text verbunden; auch diese Zuordnung ist nicht original. Die anderen drei Melodien sind Texten aus späterer Zeit zugewiesen.

Der mit den meisten Melodien in unserem Gesangbuch vertretene Singweisenschöpfer ist der Berliner Nikolai-Organist *Johann Crüger* (1598–1662). Während er als Komponist und Musiktheoretiker nur Durchschnittliches leistete, hat er auf dem Gebiet des evangelischen Kirchenliedes eine einzigartige Bedeutung. Sein Hauptwerk ist die »Praxis pietatis melica«. Der Titel heißt auf deutsch »Melodische Frömmigkeitsbetätigung« oder, wie Crüger selbst etwas poesiereicher übersetzt, »Übung der Gottseligkeit in Gesängen«. 122 Choralmelodien sind von ihm bekannt, die er teils neu komponiert, teils überarbeitet oder stilisiert hat. Der Einfluß der reformierten Psalmlieder auf seine Melodiebildung ist unverkennbar. Schier unerschöpflich ist sein Einfallsreichtum in melodischer und rhythmischer Hinsicht. Auch im harmonischen Bezug sind seine Melodien oft kühn und seiner Zeit vorausweisend. Von den zwanzig Melodien, die das Evangelische Kirchengesangbuch von Johann Crüger enthält, entfallen sieben Weisen auf Texte von Paul Gerhardt, mit dem er in seinen letzten Lebensjahren gemeinsam an der Berliner Nikolaikirche amtierte.

Die folgenden Beispiele veranschaulichen Crügers hymnologische Bedeutung:

  10 Wie soll ich dich empfangen
  27 Fröhlich soll mein Herze springen
  60 Herzliebster Jesu, was hast du verbrochen
  86 Auf, auf, mein Herz, mit Freuden
105 Zieh ein zu deinen Toren
157 Schmücke dich, o liebe Seele
228 Nun danket alle Gott
233 Sei Lob und Ehr dem höchsten Gut
293 Jesu, meine Freude
347 Lobet den Herren alle, die ihn ehren.

Mit Crüger befreundet war *Jakob Hintze* (1622–1702), der nach Crügers Tode die »Praxis pietatis« herausgab und erweiterte. Die Melodien

  95 Siegesfürste, Ehrenkönig
295 Gib dich zufrieden und sei stille

weisen ihn als talentierten Singweisenschöpfer aus.

Dasselbe gilt für Johann Crügers Nachfolger im Kantorat der Berliner Nikolaikirche, *Johann Georg Ebeling* (1637–1676). Auch Ebeling hat mit besonderer Vorliebe Paul-Gerhardt-Texte vertont. Im Jahre 1667 veröffentlichte er eine Gesamtausgabe seiner Paul-Gerhardt-Lieder (»Pauli Gerhardi

Geistliche Andachten bestehend in hundertundzwanzig Liedern«) mit 113 Originalmelodien. Seine vier Singweisen, die sich im Evangelischen Kirchengesangbuch finden, gehören zu den Kleinoden:

      197 Du meine Seele, singe
           (ursprünglich zu einem anderen Text)
      297 Warum sollt ich mich denn grämen
      307 Wer kann der Treu vergessen
           (von Ebeling als Singweise zu Paul Gerhardts
           »Wie soll ich dich empfangen« komponiert)
      346 Die güldne Sonne.

§ 16 Spätbarocke Melodien (1680–1750)

Mit der Verlangsamung des Gemeindegesangs seit etwa 1650 setzt eine Verflachung der Choralrhythmik ein. Es kommt schließlich zur prinzipiell isometrischen Melodik. – Der sechste Ton der Durtonleiter erhält eine besondere Bedeutung (Ausdruck der Sentimentalität). Sext- und Septimensprünge finden Eingang in die Choralmelodien. – Der größte Teil der Melodien ist anonym überliefert oder stammt von unbedeutenden Komponisten. Das Auseinanderfallen von Kunstmusik und Gemeindelied wird daran deutlich. – Das geistliche Sololied erlebt eine Blütezeit. Nur ein kleiner Teil dieser »Andachtsarien« kann von der Gemeinde aufgenommen werden. Kennzeichen dieser Melodien sind großer Tonumfang, Antizipationen und Figurationen, besonders Durchgangsnoten.

Zur Charakterisierung der Melodik dieser Zeit seien folgende Beispiele genannt:

      217   Herz und Herz vereint zusammen
      236   Bis hierher hat mich Gott gebracht
      237   Dir, dir, o Höchster, will ich singen
      238   O daß ich tausend Zungen hätte
      254   Ich will dich lieben, meine Stärke
      299   Was Gott tut, das ist wohlgetan
      300   Alles ist an Gottes Segen
      383,II O Gott, du frommer Gott,

ferner die in manchen Gesangbuchanhängen zu findende Melodie:

      Die wir uns allhier beisammen finden.

An diesen Beispielen wird deutlich, wie die kunstvolle, lebendige Rhythmik der Choralmelodien der vorangegangenen anderthalb Jahrhunderte aufgegeben wird zugunsten einer gleichmäßig fließenden Melodik. Aus dem schreitenden Ebenmaß wird dann sehr schnell eine schleppende Gleichförmigkeit. Die einzelnen Zeilen dieser Melodien bewegen sich mit Vorliebe im Raum der großen Sexte oder Septime. Der sechste Ton der Durtonleiter wird mit besonderer Bedeutung erfüllt. Dabei handelt es sich nicht mehr um eine Wechselnote wie in pentatonischen Modellen, sondern um die »emphatische Sexte« (Walter Blankenburg), durch die man einem neuen, gefühlsbetonten Ausdrucksbedürfnis Gestalt verlieh. Kennzeichnend hierfür ist etwa der Anfang des Liedes »O daß ich tausend Zungen hätte« oder die Durmelodie von »O Gott, du frommer Gott«.

Häßlich ist auch die des öfteren zu beobachtende Heraushebung unbetonter Textsilben (die seit Opitz ja stets auf die gleichen metrischen Stellen fallen) durch die Melodie:

Die wir uns all-hier bei-sam-men fin-den,
uns auf dei-ne Mar-ter zu ver-bin-den,
schla-gen uns-re Hän-de ein,
dir auf e-wig treu zu sein...

(Herrnhut 1740, EKG-Anhang der Lutherischen Landeskirchen Nr. 412, EKU-Anhang Nr. 410,4)

Neben den isometrischen Gemeindemelodien finden wir auch einige Singweisen, die zunächst nicht für die Gemeinde bestimmt waren, die aber die Ausnahme von der Regel bilden, daß geistliche Sololieder nicht gemeindegemäß sind. Hier ist an erster Stelle die einzige von *Johann Sebastian Bach* (1685–1750) stammende Melodie aus unserem Gesangbuch zu nennen:

    28 Ich steh an deiner Krippe hier.

Zu dieser Gruppe von Melodien gehören weiter:

    53 Jesus ist kommen, Grund ewiger Freude
    265 Es glänzet der Christen inwendiges Leben
    349 Morgenglanz der Ewigkeit.

Die Melodie zu »Jesus ist kommen« ist unter den genannten Beispielen besonders prägnant. Sie enthält große Sprünge; sogar die Septime wird einbezogen. Der Tonumfang beträgt eine Undezime. Viele Durchgangsnoten und Verschleifungen sind Zeichen für ein ursprüngliches Sololied.

Antizipationen und Wechselnoten kennzeichnen auch die aufs Ganze gesehen wesentlich schlichtere Melodie zu »Morgenglanz der Ewigkeit«.

§ 17 Die Weisen der Romantik (19. Jahrhundert)

Seit der Mitte des 18. Jahrhunderts bis etwa vor einer Generation ist nur eine geringe Zahl neuer Kirchenliedweisen von Bedeutung entstanden. Wo man neue Lieder in ein Gesangbuch aufnahm, legte man die Texte meist bekannten Melodien unter. Die typisch romantischen Choralmelodien mit ihrer Überbetonung des Gefühls und ihrem aufdringlichen Pathos sind weder mit unserem Verständnis des Gottesdienstes in Einklang zu bringen, noch sind sie echte volkstümliche Melodien. Das Evangelische Kirchengesangbuch enthält deshalb im Stammteil keine charakteristischen Melodien dieser Zeit.

In fast allen Gesangbuchanhängen findet sich das Weihnachtslied »Stille Nacht«. Dieses beginnt mit einer schlicht pentatonischen Wendung, entpuppt sich aber dann doch sehr bald als eine Melodie, die ganz aus dem Geiste des 19. Jahrhunderts gestaltet wurde. Gleich der Übergang zum dritten Takt (»alles schläft«) ist geradezu peinlich. Noch aufdringlicher wird die Melodie gegen Ende (»schlaf in himmlischer Ruh!«). Diese Melodie ist ein typisches Beispiel dafür, daß die Beliebtheit einer Weise keine Legitimation ihres künstlerischen Wertes ist.

Von wesentlich echterer Volkstümlichkeit ist die Melodie des Weihnachtsliedes »O du fröhliche«, obwohl auch hier die Sequenzen (»Welt ging verloren, Christ ist geboren«) nicht gerade zu den edelsten Einfällen unserer Kirchenliedmelodien gehören.

Ebenfalls in vielen Anhängen findet sich das Lied »Wir pflügen und wir streuen«. Zum Teil hat man es mit der Melodie »Du meine Seele, singe« versehen, um die wirklich peinlichen Wendungen der um 1800 aufgekommenen eigenen Melodie zu vermeiden. (Man denke an die Textstelle »doch Wachstum und Gedeihen steht in des Himmels Hand«.) Die herbe Moll-Melodie, mit der Claudius dieses Lied ausgehen ließ, hat sich dagegen nicht durchgesetzt.

§ 18 Das Liedgut aus der ersten Hälfte des 20. Jahrhunderts

Da der Stammteil des Evangelischen Kirchengesangbuches in erster Linie die schon bewährten Lieder enthalten sollte, sind nur wenige Komponisten der vorigen Generation darin vertreten. Es handelt sich um fünf Musiker mit insgesamt sieben Melodien. Die neuen Singweisen wollen nach altem Vorbild den Text vertiefen, sich aber nicht in den Vordergrund spielen.

Christian Lahusen (1886–1975) ist durch mehrere Chorsammlungen bekannt geworden. Er verstand es, mit seiner Musik einen gemütstiefen, warmen Ton anzuschlagen, der sich von falscher Sentimentalität freihält. Seine Melodie zu Rudolf Alexander Schröders Glaubenslied

133 Wir glauben Gott im höchsten Thron

ist ein »großer Wurf«. Mit gutem Grund wurde sie in Halben notiert. Sie erfordert eine große hymnische Breite in der Wiedergabe. Bei einem zu schnellen Tempo gibt es an den Zeilenübergängen stets die notvollen, textwidrigen Pausen, durch die das Ebenmaß der Melodie zerstört wird. Wer sie richtig anpackt, wird ihrer auch nach längerer Zeit nicht überdrüssig.

Der aus einer holsteinischen Bauernfamilie stammende *Hans Friedrich Micheelsen* (1902–1973) verdankte die Prägung seiner Tonsprache zu einem guten Teil Paul Hindemith, doch hat er dessen Anregungen sehr selbständig aufgenommen. Lange Zeit hindurch war Micheelsen Leiter der Kirchenmusikabteilung an der Staatlichen Hochschule für Musik in Hamburg. Sein Schaffen umfaßt die verschiedensten Bereiche der Chormusik vom kleinen Satz bis hin zur oratorischen Form. Für die Entwicklung des evangelischen Kirchenliedes wurde besonders seine Veröffentlichung »Neue Gemeindelieder« (1938) wichtig. Drei seiner Melodien wurden in das Evangelische Kirchengesangbuch aufgenommen:

    13 Tröstet, tröstet, spricht der Herr
   162 Brich uns, Herr, das Brot
   225 O Christenheit, sei hocherfreut.

Die zuletzt genannte Melodie dürfte die wertvollste aus Micheelsens Beitrag zum Evangelischen Kirchengesangbuch sein. Zweimal war »O Christenheit, sei hocherfreut« Kirchentagslied. Dennoch hat es sich nicht eigentliches Heimatrecht in den Gemeinden erwerben können.

Fritz Werner (1898–1977) verdanken wir die Melodie zu dem einzigen Mittagslied unseres Gesangbuches:

   351 Der Tag ist seiner Höhe nah.

Diese Melodie wandelt ganz in den Bahnen eines Melchior Vulpius. Man könnte sie ebenbürtig dessen beiden Tageszeitenmelodien (»Die helle Sonn«, »Hinunter ist der Sonne Schein«) an die Seite setzen.

Gerhard Schwarz (geb. 1902), der langjährige Leiter der Kirchenmusikschule Düsseldorf, durch eine Vielzahl seiner Chorkompositionen bekannt geworden (besonders durch den »Kleinen Kalender« nach Texten von Joseph Weinheber), schrieb die Melodie zu dem Weihnachtslied:

   35 Also liebt Gott die arge Welt.

Der wertvollste melodische Beitrag unter den neuen Kirchenliedern unseres Gesangbuches dürfte die Melodie zu dem Adventslied

   14 Die Nacht ist vorgedrungen

sein, die *Johannes Petzold* (geb. 1912), langjähriger Dozent an der Eisenacher Kirchenmusikschule und Singwart der Thüringer Landeskirche, schrieb.

§ 19 Zur Melodik neuer Kirchenlieder

Weil es am Ausgang des 20. Jahrhunderts kein zeitgenössisches Volkslied gibt, fehlt es den Melodisten neuer Kirchenlieder an einer Orientierungshilfe. Teils werden neue Melodien vertrauten Modellen nachgebildet, teils werden sie in Anlehnung an die unterschiedlichen musikalischen Strömungen unserer Generation gestaltet, wobei sich ein ähnlicher stilistischer Pluralismus wie bei den neuen Texten ergibt.

Die Musiksprache der Gegenwart gibt es nicht. Wenn man nur auf die Entstehungszeit sieht, gehören so unterschiedliche Stilrichtungen wie das Musical, das politische Kampflied, die Dodekaphonik und die elektronisch erzeugten Klänge zur »modernen Musik«. Heutige Musik steht im Spannungsfeld zwischen Konsummusik und Avantgarde. Als kurz vor dem zweiten Weltkrieg ein neuer Aufbruch im Kirchenliedschaffen anzuheben schien, knüpften Komponisten wie Micheelsen und Petzold an die evangelische Kirchenliedtradition des 16. und 17. Jahrhunderts an. Neuschöpfungen entstanden als Weiterbildung vorliegender Modelle. Diese Tradition wurde nach dem Krieg durch die Sammelbände »Das junge Lied« und »Das junge Chorlied« fortgeführt, erwies sich aber als nicht mehr entwicklungsfähig.

Einige Grundregeln der Melodiebildung gelten zu allen Zeiten und in allen Stilrichtungen: Wenn von einer zehnzeiligen Liedstrophe sieben Zeilen auf dem gleichen Ton kadenzieren, dann ist die Melodie handwerklich nicht in Ordnung – und langweilig. Wenn die Spitzentöne einer Melodie nicht sinnvoll zugeordnet sind, ist die Melodie unorganisch. Werden unbetonte Silben des Metrums in der Melodieführung hervorstechend angeordnet, ist das Verhältnis von Wort und Ton gestört. Es ist leider nötig, auf solche Elementarforderungen der Melodieerfindung hinzuweisen, weil nur zu oft handwerklich schlechte Weisen – gut gemeint, aber unkritisch – von nicht kompetenten Autoren praktiziert werden.

Neu ist an Melodien der letzten zwanzig Jahre vor allem die Ausweitung der Tonalität und die Betonung des rhythmischen Elements.

In tonaler Hinsicht verläßt schon Johannes Petzold mit seiner Melodie zu »Die Nacht ist vorgedrungen« (EKG 14) – kaum spürbar – die Tradition. Man weiß nicht, ob der Grundton c (»c-Moll«) oder g ist; das f vor dem Wiederholungszeichen (am Schluß des »Stollen«) wäre in keiner früheren Epoche denkbar gewesen. Einige gegenwärtige Melodisten bemühen sich, Ansätze dieser Art zu erweitern. In kein tonales Schema einzuordnen ist die Melodie von Friedemann Gottschick zu einem eigenen Text:

Gott, mein Gott, warum hast du mich verlassen?
So sang einst König David, hörtest du ihn?
— So schrie einst König David, hälfest du ihm?
Gott, mein Gott, warum hast du mich verlassen?

Die Schlußnote es ist durch den Wechsel von a und as im Mittelteil geschickt vorbereitet. Zumal beim Übergang zur folgenden Strophe ergeben sich für die Gemeinde keine größeren Probleme. Als Schlußton hat das es durch die Tritonusspannung innerhalb der letzten Melodiezeile eine besondere Eindringlichkeit. Doch dürfte damit schon die Grenze dessen erreicht sein, was eine Gemeinde tonal zu erfassen und zu bewältigen vermag. Diese Grenze ist jedenfalls überschritten, wenn folgende Melodie, die streng nach den Regeln der Zwölftonmusik gearbeitet ist (sie stammt vom gleichen Komponisten wie das vorige Beispiel), der Gemeinde angeboten wird:

Du bist der Weg, Herr, du bist das Licht. Du bist der Friede, verlaß uns nicht! Wehre dem Schrecken, der uns bedroht, gib Frieden allen Völkern, banne den Tod.

Selbst mit einer kräftig führenden Orgelbegleitung kann sich eine Gemeinde in eine solche Melodie nicht einhören oder einsingen.

Neue Impulse tonaler Art sind möglich durch Anleihen aus anderen Kulturkreisen. Die folgende Melodie von Paul Ernst Ruppel ist beispielsweise unverkennbar durch das »Zigeunerdur« (d-es-fis-g-a-b-cis-d) geprägt:

Und suchst du meine Sünde, flieh ich von dir zu dir.

Ursprung, in den ich münde, du fern und nah bei mir.

Zu solchen Impulsen gehört auch die aus der afroamerikanischen Musik, speziell den Spirituals, stammende Blues-Terz, die mehrfach in neuen Melodien auftaucht. Günther Kretzschmar verwendet sie in einer Pfingstantiphon (Gemeindekehrvers):

Komm, heiliger Geist, erfüll die Herzen deiner Gläubigen, und entzünd in ihnen das Feuer deiner göttlichen Liebe.

In rhythmischer Hinsicht bieten etliche der neuen Melodien viel Belebendes und Anregendes. Doch ist die Schwierigkeit solcher Melodien oft unüberwindlich groß – jedenfalls im Blick auf »normale« Gemeinden. Dies beginnt schon bei dem Wechsel von duolischen und triolischen Rhythmen, der in einer ganzen Reihe neuer Melodien anzutreffen ist, und in erhöhtem Maße für synkopische Rhythmen. Es dürfte sich kaum eine Gemeinde finden, die in der Lage ist, Heinz Werner Zimmermanns Kehrvers aus seiner Psalmvertonung »Gott ist unsre Zuversicht« auszuführen:

Der Herr Zebaoth ist mit uns, der Herr Zebaoth, der Gott Jakobs ist unser Schutz.

Synkopen hat es schon im frühen evangelischen Kirchenlied gegeben (vergleiche S. 109). In einer rhythmusbetonten musikalischen Umwelt ist es eigentlich eine Selbstverständlichkeit, daß auch das Kirchenlied hier neue Akzente setzt. Musikalisch wäre zu fordern, daß Synkopen im Dienst der Textdeklamation stehen. Ein positives, gemeindegemäßes Beispiel ist der folgende Ausschnitt aus einer Melodie von Paul Ernst Ruppel:

[Notenbeispiel: "Got-tes Hän-de hal-ten die wei-te Welt, / Got-tes Hän-de hal-ten das Ster-nen-zelt."]

Äußerst unschön ist es dagegen, wenn eine synkopierte Melodie so angelegt ist, daß sie gerade die unbetonten Silben hervorhebt:

[Notenbeispiel: "Herr, dei-ne Welt ist zum Stau-nen, / Herr, dei-ne Welt ist zum Stau-nen..."]

Eine synkopenähnliche melodische Dehnung in dem Lied »Gott ist anders, als wir denken« (Text und Melodie von Kurt Rommel) zerschneidet den Text so sehr, daß es praktisch unmöglich ist, diesen sinnvoll zu deklamieren:

[Notenbeispiel:
1. Gott ist an-ders, als wir den-ken...
2. Gott paßt nicht in uns-re For-men,...
Nur Gott kann un-ser Le-ben len-ken...
Er setzt sich sel-ber sei-ne Nor-men,...]

Ein »heißes Eisen« ist bis heute die Kirchenliedmelodik, die an der modernen Unterhaltungsmusik orientiert ist, die ihrerseits Anleihen bei dem von den Schwarzamerikanern entwickelten Musizierstil aufnimmt. Es ist für uns ein schwacher Trost zu hören, daß eben dieses Problem unter den amerikanischen Christen schwarzer Hautfarbe noch immer kontrovers diskutiert und praktiziert wird: Während ein Teil dieser Christen mit Entschiedenheit erklärt, daß der aus dem afrikanischen Heidentum stammende Musizierstil bei der Taufe abzulegen sei, hält der andere Teil ihn unbedenklich für kirchlich integrierfähig. (Das musikalische Brauchtum der Vorväter könne mit »getauft« werden.) Nachdem die Debatte in der neuen Welt nun schon durch Generationen hindurch geführt wird, können wir nicht erwarten, innerhalb kurzer Zeit diese Frage für uns zu klären.

Der theologische Ansatz bei der Einbeziehung der U-Musik in das Kirchenlied ist bedenkenswert: Die Kluft von »geistlicher« und »weltlicher« Musik soll damit überbrückt werden. Der Christ soll sich in seinen Glaubensaussagen derselben musikalischen Mittel bedienen, die er im Alltag verwendet. Aber sind die Folgerungen aus diesem Denkansatz richtig?

Vielfach wird behauptet, daß bis zur Zeit Johann Sebastian Bachs eine schöne Einheit und Harmonie zwischen geistlicher und weltlicher Musik bestanden habe, daß erst danach die unheilvolle Auseinanderentwicklung von Kirchenlied und weltlichem Musizieren stattgefunden habe. Diese Beobachtung ist jedoch falsch. Schon das Konzil von Trient (1545–1563) hat sich mit dieser Frage eingehend beschäftigt und die weltliche Musik aus dem Bereich des Gottesdienstes verwiesen. Auch Bach wußte sehr wohl zu unterscheiden zwischen Kompositionen, die geistlich parodiefähig waren (weltliche Kantaten, die durch Umtextierung zur gottesdienstlichen Verwendung eingerichtet wurden), und solchen, die dafür nicht in Frage kamen (z. B. die von ihm als »Cantate burlesque« bezeichnete Bauernkantate).

Gewiß ist der Gottesdienst am Sonntag verwerflich, wenn sich die Gemeindeglieder dort in einem vom übrigen Leben völlig abgesonderten Zustand verspinnen. Andererseits muß mit Nachdruck festgestellt werden, daß der Gottesdienst, bei dem sich die christliche Gemeinde unter Wort und Sakrament versammelt, vom alltäglichen Leben in einer einmaligen Weise hervorgehoben ist. So wie man bei einem festlichen Ereignis im öffentlichen oder privaten Leben keine Unterhaltungsmusik, sondern Kunstmusik verwendet, ohne daß dadurch ein Bruch in einem einheitlichen Lebensgefühl entsteht, ist es eigentlich auch eine Selbstverständlichkeit, daß sich die Musik im Gottesdienst über das Niveau einer platten Unterhaltungsmusik erhebt. Es erscheint höchst fraglich, ob die Kirche recht daran tut, wenn sie die Atmosphäre eines Tanzlokals (musikalisch u. a. durch ein schlagzeugbetontes Arrangement charakterisiert) in die gottesdienstlichen Versammlungen überträgt. Es kann zwar nicht verkannt werden, daß viele Jugendliche auf Musik dieser Art besonders ansprechbar sind. (Die Begeisterung für den Schlager beschränkt sich hauptsächlich auf die Jugendlichen, auf die Phase zwischen Einsetzen der Pubertät und dem Verlassen dieses Alters.) Aber die gleiche Jugend geht auch gern in ein Orgelkonzert, in dem ausschließlich »ernste« Musik geboten wird.

Im Blick auf die heutige Unterhaltungsmusik gilt der Satz: Die Jugend liebt den Rhythmus – aber sie beherrscht ihn nicht. Ein Schlager ist ein Vortragslied und daher zum Hören bestimmt. Er wird nicht nachgesungen, sondern allenfalls einmal gepfiffen. Eine Erneuerung des Gemeindegesanges durch die Einbeziehung von Mitteln der U-Musik ist auch unter dem Gesichtspunkt einer ihrem Wesen nach solistischen Musik nicht zu erwarten.

Für die Melodien der letzten beiden Jahrzehnte ergibt sich ein ähnliches Dilemma wie bei den gleichzeitigen Texten (vgl. § 12): Entweder sind sie gemeindegemäß – dann sind sie stilistisch meist bewährten Vorbildern verhaftet und nicht eigentlich neu zu nennen; oder aber sie stoßen in musikalisches Neuland vor – dann ist in der Regel ihre Ausführung so schwer, daß die Gemeinde damit überfordert wird. Es bleibt abzuwarten, ob und welche Formen gemeindlichen Singens aus dem jetzigen Gärungsprozeß einmal als wertbeständig hervorgehen werden.

C. Zur Geschichte des Gesangbuches

§ 20 Das Gesangbuch der Reformationszeit

Aus dem Mittelalter ist uns eine Vielzahl handschriftlicher Chorgesangbücher erhalten. Gemeindegesangbücher im heutigen Sinne gab es nicht. Die Kirchen der Reformation nutzten von Anfang an die neuen Möglichkeiten des Buchdrucks für die Verbreitung des Evangeliums durch das Lied. Zunächst wurden Luthers Lieder in Einblattdrucken (»Fliegende Blätter«) verbreitet. Seit 1524 gibt es in Deutschland evangelische Gesangbücher. Diese waren zunächst Sache der Drucker. Weil in solchen Gesangbüchern mehrfach beabsichtigte und unbeabsichtigte Entstellungen vorkamen, gab Luther in späteren Ausgaben durch ein Vorwort seine Autorisierung. Die Gemeinden sangen die Lieder auswendig.

Das Mittelalter kennt eine Fülle von Chorgesangbüchern, die handschriftlich verbreitet wurden. Je nach dem liturgischen Verwendungszweck wurden in diese Bücher die Gradualvertonungen, die Introituspsalmen usw. aufgenommen. Danach erhielten die Bücher ihre Namen: Gradualien, Antiphonare, Hymnare und Kyriale. Die Reformation verbreitete sich durch Bibel und Gemeindegesangbuch. Man hat beide Bücher mit Sonne und Mond verglichen – ein in vieler Hinsicht sehr treffender Vergleich.

Weil es der Reformation um die Aktivierung des allgemeinen Priestertums der Gläubigen ging, kam es folgerichtig zu einer besonderen Beachtung und Förderung des deutschsprachigen Liedes. Daß die Lieder von Mund zu Mund gingen und spontan vom Volk aufgenommen und nachgesungen wurden, möge durch die folgende anschauliche Episode aus der Chronik des Magdeburger Mühlenvogts Sebastian Langhans illustriert werden:

»Ein loser Betler hat zu Magdeburg auff dem Marckte etliche Martinische Lieder feile und sang die öffentlich hin und wieder, wo er kam, und leret Mann und Weib, auch Jungfrewen und Gesellen, so viele, daß die deutschen Lieder und Psalmen so gemeine worden, daß die von gemeinem Volcke dieselbigen dornach teglich in allen Kirchen, ehe man die Predigten angefangen, offentlich gesungen und noch singet. Hierauf waren etzliche des Radts der Altenstadt bewogen worden und ließen den vorbemelten Betler gefanglich annehmen und unter das Radthauß in newem Keller setzen, am tage Johannis ante portam Latinam (6. Mai). Dieweil nun Fest war in Sanct Johannis Pfarr, kamen im Nu über sechs oder achthundert Menschen zusammen und brachten den gefangenen mit gewalt darauß, gaben eine Marck auß ihrer aller Beutell und setzten den einen Stadtknecht Hans Kuster genannt in die Stedte, Wilhelm, der andere Knecht, entlief. Alß der andere Stadtknecht drei Wochen gefenglichen gesessen, ist er auf Drangsal der gemein der Altenstadt Magdeburgk verweiset.« (Zit. n. Söhngen, Zukunft des Gesangbuchs, S. 18.)

Bei dem »losen Bettler« handelte es sich übrigens um einen achtbaren Tuchmacher aus Magdeburg. Wie er tauchten auch in anderen deutschen Orten fahrende Sänger als »Sturmvögel der Reformation« (Söhngen) auf.

Neben der mündlichen Weitergabe der neuen Lieder fanden diese auch durch Einblattdrucke schnell weiteste Verbreitung.

Das älteste Gemeindegesangbuch überhaupt ist das tschechische Gesangbuch der Böhmischen Brüder aus dem Jahre 1501 mit rund 90 Liedern. Es folgen dann in kurzen Abständen die lutherischen Gesangbücher:

1523/24 »Etliche Lieder, Lobgesang und Psalm, dem reinen Wort Gottes gemäß.« Dieses Heft, das sog. »Achtliederbuch«, ist das älteste lutherische Gesangbuch. Es besteht aus einer Zusammenstellung von Liedern, die zum Teil schon vorher als Einblattdrucke verbreitet wurden. Es enthält vier Lutherlieder:

    1. Nun freut euch, lieben Christen gmein
    5. Ach Gott, vom Himmel sieh darein
    6. Es spricht der Unweisen Mund wohl
    7. Aus tiefer Not schrei ich zu dir (vierstrophige Fassung)

drei Lieder von Paul Speratus:

    2. Es ist das Heil uns kommen her
    3. In Gott gelaub ich
    4. Hilf Gott, wie ist der Menschen Not

und ein Lied eines unbekannten Verfassers:

    8. In Jesu Namen heben wir an.

Dem Titel entsprechend (»dem reinen Wort Gottes gemäß«) werden die Lieder »Es ist das Heil« und »In Gott gelaub ich« mit Bibelzitaten versehen, die die Evangeliumsgemäßheit der Texte beweisen sollen.

Auffällig ist die melodische Armut des Heftes: Vier Lieder (2., 5., 6. und 7.) sollen auf die Melodie »Es ist das Heil« gesungen werden. Man vermutet, daß es sich um eine Verlegenheitslösung des Druckers (Jobst Gutknecht in Nürnberg) handelt, der die Texte zum Teil ohne Weise

	in die Hand bekommen und wegen der metrischen Gleichheit der Strophen von sich aus die Melodiezuweisung vorgenommen habe.
1524	Die beiden Erfurter Enchiridien, zwei 25-Lieder-Bücher, die fast gleichlautend sind. Nach den Druckereien, in denen sie erschienen, nennt man sie das »Färbefaß-Enchiridion« und das »Schwarze-Horn-Enchiridion«. Das zweite ist wahrscheinlich ein Plagiat des ersten. Beide Bücher erlebten im gleichen Jahr noch weitere Auflagen. Wie es der Name Enchiridion = Handbuch sagt, sind diese Bücher im handlichen Taschenformat gedruckt worden. Sie enthalten nicht nur die Texte der Lieder, sondern auch Noten.

Es läßt sich leicht merken, daß in den drei Büchern des Jahres 1524 insgesamt 24 Lutherlieder erschienen, also mehr als die Hälfte seines gesamten Liederschaffens.

1524	gab Johann Walter mit Luthers (1.) Vorrede das erste evangelische Chorgesangbuch, das »Geystliche gesangk Buchleyn«, heraus. Mit diesem Buch wird die Tradition der mittelalterlichen Chorbücher fortgesetzt. Es enthält 38 deutsche und 5 lateinische Gesänge in mehrstimmigem Chorsatz. Dem damaligen Brauch entsprechend wurde es nicht in Partitur, sondern in Stimmheften gedruckt. Über die Prinzipien der Zusammenstellung der Lieder ist viel gerätselt worden. Eine planvoll durchgeführte Anordnung hat sich nicht nachweisen lassen. Besonders zahlreich sind jedoch in Walters Chorbuch solche Lieder vertreten, die beim Ausbau der lutherischen Gottesdienstordnung ihren Platz zwischen den Lesungen erhielten (Graduallied). Inwieweit Walter schon diesen liturgischen Verwendungszweck im Auge hatte, läßt sich nicht mit Sicherheit ausmachen. Doch halte ich eine solche Beziehung auf das De-tempore-Lied des evangelischen Gottesdienstes für wahrscheinlich. Walters Chorgesangbuch erlebte viele Auflagen, in denen die Liederzahl beträchtlich vermehrt wurde. In Walters Tradition befinden sich die Chorgesangbücher von Georg Rhau (Leipzig 1544) und Seth Calvisius (dessen »Kirchengesänge« in Leipzig 1597ff. erschienen). Schließlich muß hier auch Claude Goudimels Hugenotten-Psalter genannt werden (vgl. S. 61).
1525	wurde in Zwickau »Eyn gesang Buchleyn« mit 24 Liedern gedruckt, ebenfalls im Taschenformat. Dieses Büchlein ist besonders dadurch interessant geworden, daß es Luthers Glaubenslied in einer melodisch vereinfachten Gestalt bietet (vgl. S. 80). Die Noten, wie wir sie auf der Abbildung sehen, mußten mühsam in Holz geschnitten werden, ehe man auch für die Notenherstellung zum Typendruck überging (vgl. S. 81, aus Rhaus Chorgesangbuch 1544).

mit sie vns ertzurnet han/das wöll wir gantz vergessen. In keyn versuchung vns eynfur/daryn wir möchten verterben/fur solchem vbel vns bewar/daruon die seel möcht sterben/vnd mach vns alle sampt zu gleych/yn deynem reych zu erben.

Das Patrem odder
der Glawbe.

C ij   Wir glawben

Abb. 1. Luthers Glaubenslied in der Fassung des 1525 in Zwickau erschienenen »Ein gesang Buchleyn« (Originalgröße 72 × 115 mm)

Abb. 2. Eine Seite aus Georg Rhaws Chorgesangbuch von 1544
(Originalgröße 150 × 106 mm)

1525 »Etliche christliche Gesänge und Psalmen, welche vor bei dem Enchiridion nicht gewest sind«
Dieses Büchlein erschien in Erfurt.
1525 »Deutsch Kirchenamt« (Straßburg)
1526 »Psalmen, Gebet und Kirchenübung« (ebenfalls Straßburg)
1526 »Enchyridion geistlicher gesenge und psalmen für die leyen«, in Wittenberg bei Hans Lufft, einem der bedeutendsten Drucker der Reformationszeit, verlegt.
um 1528 »Enchiridion geistlicher gesenge und Psalmen für die leien«, das in Leipzig bei Michael Blum verlegt wurde. Da sich der Dresdner Hof unter Georg dem Bärtigen bis zu dieser Zeit der Reformation verschlossen hatte, konnte das Blumsche Gesangbuch nur heimlich publiziert und vertrieben werden.
1528 »Geistliche Lieder«, in Wittenberg von Hans Weiß verlegt. Dieses Gesangbuch ist durch Luthers Vorrede (die zweite seiner Gesangbuchvorreden) von Bedeutung. Luther verwahrt sich hierin zum erstenmal gegen die Liedveränderungen, die von den Verlegern zum Teil recht willkürlich vorgenommen wurden.

1529	erschien das Klugsche Gesangbuch, wiederum mit einer neuen (3.) Vorrede Luthers. Wurden die Lieder bis dahin meist ohne Verfasserangabe abgedruckt, so wird in diesem Buch erstmalig Wert darauf gelegt, daß bei jedem Lied auch der Name des Textdichters erscheint. Das Klugsche Gesangbuch erlebte noch zu Luthers Lebzeiten drei weitere Auflagen: 1533, 1535 und 1543/44.
1531	»Ein Neu Gesengbüchlein«. Dies ist das erste deutschsprachige Brüdergesangbuch der Böhmischen Brüder, das von Michael Weiße in Jungbunzlau herausgebracht wurde. Es enthält Noten und ist vor allem durch die vorbildliche Gliederung und Anordnung der Lieder rühmlich hervorzuheben.
1537	erschien in Halle das erste katholische Gesangbuch, von Michael Vehe herausgegeben. Laut Vorwort sollte dieses Buch eine bewußte Gegenmaßnahme gegen die lutherischen Gesangbücher sein. Es enthielt auch lutherische Lieder in zum Teil nur oberflächlicher Umgestaltung.
1539	Leipziger Gesangbuch bei Valentin Schumann, ein Buch, das ebenfalls mehrere Auflagen erlebte. Dies ist nach der Einführung der Reformation am Dresdner Hof das erste offizielle lutherische Gesangbuch in Sachsen.
1542	»Christliche Gesänge zum Begräbnis«, eine Sammlung von Begräbnisliedern, die Luther nach dem Tode seiner Tochter Magdalene herausgab zu einer Zeit, als er selbst sehr von Todesgedanken erfüllt war. Dieses Liederheft wurde als Anhang in das folgende Buch aufgenommen:
1545	»Geystliche Lieder«, in Leipzig von Valentin Babst verlegt. Dieses Buch enthält Luthers letzte Gesangbuchvorrede, aus der einige Sätze dem Evangelischen Kirchengesangbuch als Vorrede vorangestellt wurden: »Gott hat unser Herz und Mut fröhlich gemacht durch seinen lieben Sohn, welchen er für uns gegeben hat zur Erlösung von Sünden, Tod und Teufel. Wer solches mit Ernst glaubet, der kann's nicht lassen, er muß fröhlich und mit Lust davon singen und sagen, daß es andere auch hören und herzukommen.«

Diese Gedanken sind aufs engste verwandt mit der Wertung des Singens im Neuen Testament (vgl. S. 10): Das Singen ist einerseits die Folge davon, daß jemand vom Worte getroffen worden ist; andererseits ist es ein Mittel, durch das das Wort in missionarischer Weise weitergegeben wird.

In einem Vorspruch wird ausdrücklich vor den Liedfälschern gewarnt. In erster Linie ist an die Dichter von Irrlehren zu denken, aber auch

Geystliche Lieder.

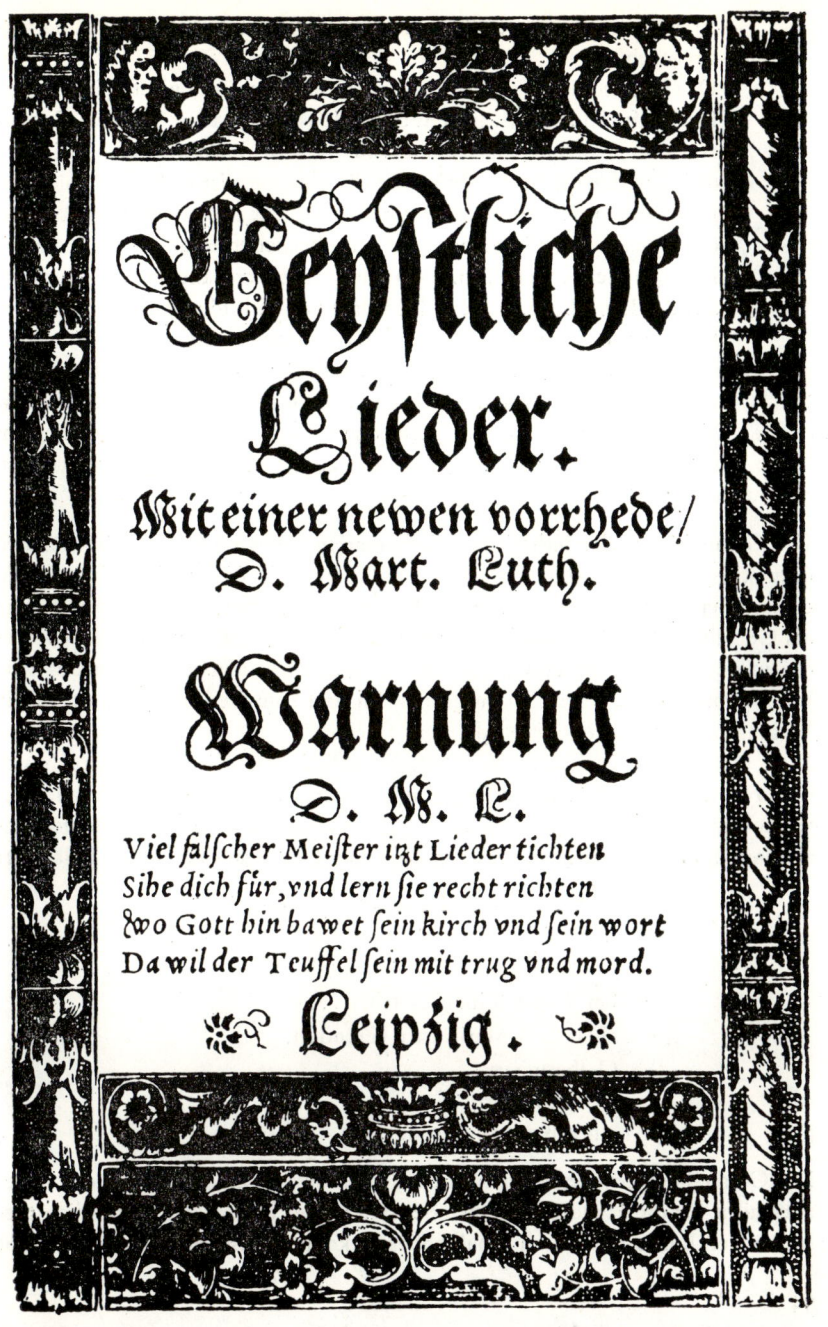

Mit einer newen vorrhede/
D. Mart. Luth.

Warnung
D. M. L.

Viel falscher Meister itzt Lieder tichten
Sihe dich für, vnd lern sie recht richten
Wo Gott hin bawet sein kirch vnd sein wort
Da wil der Teuffel sein mit trug vnd mord.

Leipzig.

Abb. 3. Titelseite des Babstschen Gesangbuches, 1545 (Originalgröße 88 × 140 mm)

an Verfälschungen von Luthertexten. (Die Titelseite ist auf S. 83 wiedergegeben.)

Das Babstsche Gesangbuch enthält 129 Lieder, auch nicht Wittenberger Herkunft. So sind Michael Weiße, Hans Sachs, Paul Speratus, Johann Agricola u. a. mit einer Reihe von Liedern darin vertreten. Die Anordnung der Lieder im Babstschen Gesangbuch ist nicht sehr glücklich: Das Prinzip der Zusammenstellung geschieht nach dem Gesichtspunkt der Verfasserschaft. So bilden die Lutherlieder zusammen mit einigen Psalmen den ersten Teil. Dann folgen andere Lieder von Dichtern aus der Umgebung Luthers. Den dritten Teil bilden die schon erwähnten Begräbnislieder Luthers. Abgeschlossen wird der Sammelband mit einer Zusammenstellung von vierzig »Psalmen vnd Geistlichen Liedern, welche von fromen Christen gemacht und zu samen gelesen sind«. Während die ersten drei Teile durchgehend numeriert sind, beginnt der vierte Teil mit der Zählung wieder von vorn, erweist sich also auch dadurch als Anhang.

Die Gesangbücher der lutherischen Reformation kennen keinen konfessionellen oder stilistischen Purismus. Sofern neu aufkommende Lieder dem Evangelium entsprachen, interessierte ihre Herkunft nicht. Sie fanden genauso Verwendung als Gemeindelied wie zahlreiche Hymnen und Sequenzen der katholischen Kirche in deutscher Übersetzung. Lateinische oder auch deutsche Lieder aus vorreformatorischer Zeit wurden aufgenommen und zum Teil erweitert (etwa die Weihnachtsleise »Gelobet seist du, Jesu Christ«).

Eine besondere Verbindung zwischen Volkslied und Kirchenlied ergab sich dadurch, daß man Volksliedmelodien mit neuem, geistlichem Text versah. Diese Kontrafakturen wurden zum Teil in den Gesangbüchern als solche gekennzeichnet. So finden wir im Blumschen Leipziger Gesangbuch folgende Beispiele:

> »Das lied Rosina wo was dein gestalt /
> Christlich verendert / von der erkenntnis Christi.
> O Christe wo was dein gestalt
> bey Bapst Siluesters leben ...«
> »Das lied Maria zart verendert.
> O Jhesu zart /
> Göttlicher art /
> ein roß on alle dorne ...«

Die Gesangbücher waren zwar für den Gemeindegesang bestimmt, in der Regel aber nicht für die Hand der Gemeinde. Etwa zwei Drittel der Gottesdienstbesucher der Lutherzeit waren Analphabeten, konnten also die Lieder gar nicht lesen. Bis etwa zum Jahre 1700 gehörte daher das Gesangbuch nicht in die Hände der Gemeindeglieder, sondern in die des Vorsängers. Auch war der Preis der Gesangbücher damals so hoch, daß sich nicht ohne weiteres jedes Gemeindeglied ein Buch hätte kaufen können. Schon im 16. Jahrhundert ist jedoch das Singen nach dem Gesangbuch vereinzelt bezeugt. In der Vorrede zum Straßburger Gesangbuch von 1541 erwähnt Martin Bucer die Sitte, daß Gemeindeglieder die Gesangbücher »jeder für sich selb inn den Kirchenversammlungen und sunst gebrauchen«.

§ 21 Das Gesangbuch der Orthodoxie

Das Gesangbuch der Orthodoxie bemüht sich, die im Stamm des Liedgutes noch spürbaren Lücken zu schließen. Andererseits beginnt es, die dichterisch weniger wertvollen Lieder der Reformationszeit zu tilgen. Da der Stamm der Gesangbuchlieder zunächst sehr begrenzt bleibt, erscheinen die neu entstehenden Lieder in erster Linie in privaten Sammlungen. Gegen Ende dieser Epoche kommt es dann aber zu einem starken Anschwellen des Gesangbuchumfangs.

Daß das Gesangbuch noch inhaltliche Lücken aufweist, wird unter anderem daran deutlich, daß manche Lieder im Verlauf des Kirchenjahres mehrfach als Graduallied erscheinen. So wird etwa »Aus tiefer Not« als Lied für den Palmsonntag und den Bußtag benutzt, ferner dient es als Begräbnislied.
Gegen Ende des 16. Jahrhunderts häuft sich die Zahl der »Pseudo-Dichter«. Zeitgenossen spotten, daß jeder Schuster oder Pfarrer sich für tüchtig halte, ein oder zwei Lieder zu machen und sie von den Bauern im Gottesdienst singen zu lassen. Aber nicht nur die poetische Wertlosigkeit, sondern auch die Verbreitung von Irrlehren durch das Lied mahnen zur Vorsicht bei der Aufnahme neuer Lieder. So erlassen die Sächsischen Generalartikel von 1580 die folgende Anordnung: »Damit das Volk im Singen nicht irre gemacht werde, sollen die custodes keine andere den D. Luthers Gesänge und die er ihm gefallen lassen, in den Kirchen singen, damit sie dieselbigen wohl lernen und eins das andere desto leichter singen lehren könne.« Als Vorsänger erscheint hier interessanterweise nicht der Kantor, sondern der Küster.
In den ländlichen Gemeinden konnte wohl nur ein Stamm von dreißig bis vierzig Liedern auswendig gesungen werden. Diese wenigen Lieder wurden innerhalb kürzester Zeit wiederholt. Man schätzt, daß die Zahl der Kirchenlieder, die in städtischen Gemeinden beherrscht wurden, etwa das Doppelte bis Dreifache dieser Zahl betrug.

Durch das Auswendigsingen wurden viele Texte verstümmelt, mitunter sogar völlig sinnwidrig zersungen. So ist mehrfach bezeugt, daß die Gemeinden Luthers Lied »Erhalt uns, Herr, bei deinem Wort« in der dritten Strophe mit dem völlig widersinnigen Text sangen: »Gib deim Volk einrlei Sünd auf Erd.« Das Auswendigsingen war bis zum Ende des 17. Jahrhunderts die Regel.
Aus der kleinen Gesangbuchgeschichte von Hermann Petrich sei folgende Anekdote zitiert (S. 17):

> Ein Bauer aus der Merseburger Gegend »sei öfters mit Getreide nach Halle zum Markte gefahren und, weil er zuweilen daselbst in die Kirche gegangen und gesehen, daß fast alle Leute aus Gesangbüchern andächtig gesungen, habe ihm das so wohlgefallen, daß er ihm in Halle auch ein Gesangbuch gekauft, welches ungefähr anno 1697 oder 1698 geschehen. Der Bauer habe sein Buch mit sich in die Kirche genommen und daraus gesungen, sei aber der einzige gewesen, der ein Buch gehabt. Der Pfarrer, so ein alter Mann gewesen, observiert solches, läßt den Bauer zu sich kommen, fragt, wo er das Buch bekommen und warum er es mit in die Kirche bringe. Der Mann antwortet, er habe in Halle gesehen, daß alle Leute Gesangbücher bei sich hätten, das hielte er für nützlich und erbaulich und habe ihm also auch dergleichen angeschafft, damit er nicht falsch singe. Der alte wunderliche Pfarrer verbeut ihm solches mit großem Ernst, er solle nichts Neues aufbringen, dem Schulmeister gebühre, mit dem Buch zu singen, und nicht ihm und andern Leuten. Der Bauer aber hat sich an solch unvernünftig Verbot nicht gekehrt, ist auch von seinem Gerichtsherrn sekundieret worden.«

Der Hamburger Pfarrer Balthasar Schupp klagt dagegen im Jahre 1656, daß er seine Gemeindeglieder vergeblich ermahnt habe, zum Gottesdienst das Gesangbuch mitzubringen, um die Worte recht zu singen.

Da, wie schon erwähnt, der Preis der Gesangbücher keine allgemeine Verbreitung erlaubte, griffen die Gemeindeglieder vielfach zur Selbsthilfe, indem sie sich Lieder abschrieben. Aus dem 17. Jahrhundert liegt eine stattliche Anzahl handschriftlicher Gesangbücher vor.

Zur Zeit der Orthodoxie sind die Gesangbücher in der Regel noch Privatarbeiten der Drucker, die sie zum Teil in Zusammenarbeit mit Kantoren herausgeben. In einigen Fällen wird schon eine fürstliche Autorität als »Rückendeckung« gegen unberechtigtes Nachdrucken genannt. Allmählich findet der Übergang zu privilegierten Gesangbüchern und Verlagen statt. Der Landesherr als Summus episcopus (geistliches Oberhaupt) hat das liturgische und hymnologische Recht. Also darf niemand ohne seine Erlaubnis neue Gesangbücher drucken oder Änderungen an bestehenden Gesangbüchern vornehmen.

Aber die Liederdichtung blühte! Die neuen Lieder wurden normalerweise

nicht in die gottesdienstlichen Gesangbücher aufgenommen. Daher entstanden Sammelbände mit geistlicher Lyrik, Liedersammlungen mit Gedichten, die nicht auf gottesdienstliche Verwendung rechnen konnten. Hierzu gehörten zunächst auch Paul Gerhardts Lieder. Einige solcher Privatsammlungen erhielten dann jedoch auch größere Bedeutung, allen mit Abstand voran *Johann Crügers* schon genannte »Praxis pietatis melica«, die wahrscheinlich im Jahre 1644 erschien und insgesamt 45 Auflagen erlebte. Der in vieler Hinsicht aufschlußreiche Titel sei – nach der 5. Auflage von 1653 – vollständig wiedergegeben:
»Praxis pietatis melica. Das ist: Übung der Gottseligkeit in Christlichen und trostreichen Gesängen / Herrn D. Martini Lutheri fürnemlich / wie auch anderer vornehmer und gelehrter Leute: Ordentlich zusammen gebracht / und über vorige Edition / mit gar vielen schönen / neuen Gesängen (derer insgesamt 500) vermehret: Auch zu Befoderung des so wohl Kirchen- als Privat-Gottesdienstes / mit beygesetzten Melodeyen / nebst dazu gehörigem Fundament / verfertiget von Johann Crügern Gub. Lus. Direct. Mus. in Berlin / ad D. N. [?] mit Churf. Brand. Freyheit nicht nachzudrucken. Editio V. Gedruckt zu Berlin / und verleget von Christoff Runge / Anno 1653.«
Der stärker subjektive Einschlag dieser Sammlung wird durch ihren Zweck (Übung der Gottseligkeit) bekundet. Doch bleibt die Bindung an den lutherischen Gottesdienst und die lutherische Lehre schon durch die Aufnahme von Luther-Liedern gewahrt; zugleich wird aber darauf hingewiesen, daß auch andere »vornehme und gelehrte Leute« in dem Buch zu Wort kommen sollen. Es soll nach dem Willen des Herausgebers sowohl für den Gemeindegottesdienst als auch für die private Erbauung eine Hilfe sein.
Wie die meisten Gesangbücher dieser Zeit ist auch Johann Crügers »Praxis pietatis« ein Buch, das die Melodien mit beziffertem Baß herausgehen läßt. Das Generalbaß-Zeitalter hat selbstverständlich auch in die kirchliche Musizierpraxis Einzug gehalten. – Gegen Ende des Titels wird ausdrücklich das Privileg genannt, das dem Verleger Christoff Runge die Verlagsrechte an diesem Werk zusichert.
Die »Geschwätzigkeit« dieser Zeit äußerte sich nicht zuletzt im Anschwellen des Umfangs der Liederbücher. Diese Unsitte griff auch auf die Gemeindegesangbücher über. Hatte das Gothaer Gesangbuch von 1666 noch 270 Lieder, so hat eine spätere Auflage des gleichen Buches aus dem Jahre 1725 deren bereits 1276. Das Dresdener Gesangbuch von 1622 enthielt 276 Lieder, bis 1656 schwoll es auf 684, bis 1673 sogar auf 1505 Lieder an!
Musikgeschichtliche Bedeutung errang das Gesangbuch, das Johann Sebastian Bach in erster Linie benutzt hat: das Leipziger Gesangbuch von Paul Wagner aus dem Jahre 1697, das nahezu 5000 Lieder in acht Bänden enthält, die im Laufe des Kirchenjahres abwechselnd benutzt wurden.

Neue Lieder drangen unter anderem über den Chor in den Gottesdienst ein. Aber vielfach gab es bei ihrer Einführung Zögern und Widerstand. Bei einer Ausgabe der »Praxis pietatis« in Frankfurt/Main im Jahre 1693 wird in der Vorrede über die Unverständigkeit besonders der älteren Gemeindeglieder geklagt, die unruhig würden, wenn etwa Johann Francks Lied »Jesu, meine Freude« gesungen werden sollte. Die Gottesdienstbesucher wollten nur solche Lieder singen, die ihnen von Jugend auf vertraut seien. Sie seien nicht zu bewegen, aus einem Gesangbuch zu singen.

In den Gesangbüchern dieser Epoche werden die Lieder in der Regel nach liturgischen Gesichtspunkten angeordnet. Meist eröffnet eine Gruppe von Liedern zum Gottesdienst die Gesangbücher. Es folgt die Gruppe der Kirchenjahreslieder. Daran schließen sich die Lieder für andere Anlässe an.

§ 22 Das Gesangbuch des Pietismus

Entsprechend der Betonung der privaten Andacht durch den Pietismus verliert das Gesangbuch dieser Zeit weithin den Charakter eines Buches für die zum Gottesdienst versammelte Gemeinde. Eine Fülle von neuen Texten findet Aufnahme. Bei allem anzuerkennenden frommen Bemühen enthalten diese Gesangbücher doch eine Vielzahl von Liedern mit nicht zu leugnenden sprachlichen Entgleisungen und unwürdigen Melodien. Die Gemeindeglieder können die neuen Lieder wegen ihrer großen Zahl nur noch nach dem Gesangbuch singen, das jetzt überall im Gottesdienst Einzug hält. Zu dieser Zeit werden auch die Nummerntafeln im gottesdienstlichen Gebrauch allgemein eingeführt.

Das grundlegende pietistische Gesangbuch ist das im Jahre 1704 von *Johann Anastasius Freylinghausen* in Halle mit königlich preußischem Privileg herausgegebene »Geistreiche Gesangbuch, den Kern alter und neuer Lieder, wie auch die Noten der unbekannten Melodeyen ... in sich haltend ... zur Erweckung heiliger Andacht und Erbauung im Glauben und gottseligen Wesen ... « Dieses Buch bietet die Anordnung der Lieder so, »wie es die Ökonomie unserer Seligkeit erfordert« (Vorrede). An die Stelle des gottesdienstlichen Buches ist also eine Sammlung getreten, die den persönlichen Heilsweg in der Anordnung der Lieder nachzuzeichnen sucht. Trotzdem hat dieses Buch auch in die Gottesdienste Einzug gehalten.

Die Benutzung von Gesangbüchern durch die Gemeindeglieder wird im 18. Jahrhundert allgemein üblich. Einmal ist es für die Gemeinde unmöglich, die vielen neuen Lieder auswendig zu beherrschen. Dann ist die Gesangbuchbe-

nutzung aber auch wichtig, um einem weiteren Zersingen der bekannten Lieder entgegenzuwirken.
Nach der alten Praxis war es so, daß der Chor oder der Vorsänger die Lieder intonierte und die Gemeinde dann einfiel. Dies wurde je länger, desto schwieriger, weil die Zahl der neuen Melodien nicht mit den Texten Schritt hielt; immer mehr Lieder wurden auf die gleiche Weise gesungen. Dadurch konnte es dann geschehen, daß die Gemeinde auf die Intonation des Chores oder Kantors mit einer falschen Fortsetzung anwortete. Auch aus diesem Grunde war es wichtig, daß Gesangbücher benutzt wurden. Die Lieder konnten dann auf einer Tafel nach Textanfang oder nach Gesangbuchnummer angezeigt werden, so daß die Einmütigkeit des Gemeindegesangs einigermaßen gewährleistet war.
In Genf wurden bereits im Jahre 1546 die Psalmlieder der Gemeinde durch Nummerntafeln angezeigt. Doch scheint es sich hier um eine Ausnahme zu handeln, die jedenfalls im deutschen Bereich zu dieser Zeit noch nicht bezeugt ist.
Da die Gesangbücher erst allmählich mit Privileg erscheinen und noch keinerlei Tendenzen zu einer Vereinheitlichung des Kirchengesanges zu erkennen sind, kommt es zu dem häufig unerträglichen Zustand des Nebeneinanders mehrerer Gesangbücher. Nicht nur die Auswahl der Lieder differierte sehr stark, sondern auch innerhalb der Lieder die Strophenauswahl und die Textfassungen, so daß die Parallelbenutzung verschiedener Gesangbücher meist sehr notvoll war.
Hatten die Gesangbücher – vor allem der Reformationszeit, aber auch noch aus der Zeit der Orthodoxie – einen beachtlichen Buchschmuck aufzuweisen, so werden die jetzt neu erscheinenden Gesangbücher im Aussehen immer nüchterner. Die Aufklärungszeit hatte nicht mehr viel zu beseitigen!
Das bedeutendste Gesangbuch aus dieser Zeit ist der »Porst«. Herausgeber war der Berliner Prediger und Erbauungsschriftsteller Johann Porst. Er gab die erste Auflage (1708) anonym heraus. Von der zweiten Auflage an (1713) erschien das Buch unter seinem Namen. Es wurde für Berlin privilegiert. Mehrfach hat Porst es erweitert und umgearbeitet. Unter allen Gesangbüchern im deutschen Sprachbereich hat es die längste Lebensdauer gehabt. Die letzte Auflage erlebte dieses Buch im Jahre 1905. Damit hat das Porstsche Gesangbuch seine Nachkommen – vor allem das Myliussche Aufklärungsgesangbuch von 1780 und das Berliner Reformgesangbuch aus dem Jahre 1829 – überlebt.
Die Herrnhuter Brüdergemeine gab sich im Jahre 1735 ein eigenes Gesangbuch mit rund 1000 Liedern. Dieses Gesangbuch fällt zunächst wohltuend auf durch die große Zahl der »klassischen« lutherischen Kirchenlieder aus den ersten beiden Jahrhunderten unserer Kirche. Dazu kommt dann eine ganze Reihe neuer Lieder, teils aus dem Freylinghausenschen Gesangbuch übernommen, zu einem guten Teil aber von Zinzendorf neu gedichtet. Die Mehrzahl der in diesem Buche neu erschienenen Lieder hat sich als nicht beständig erwiesen.

Sowohl Freylinghausen als auch Porst nehmen Abänderungen an den älteren Liedern vor. Um ihnen eine größere Aktualität zu geben, retuschiert man sie nach pietistischen Maßstäben. Porst verschont lediglich Luthers Lieder. Im Vergleich mit den Liedabänderungen der folgenden Epoche sind jedoch die Eingriffe von Porst und Freylinghausen geringfügig zu nennen.

Nicht nur das Vokabular der neuen pietistischen Lieder ist stark an der Sprache des Hohenliedes orientiert; auch Gesangbuch- bzw. Liedersammlungstitel befleißigen sich der gleichen Sprache. So sind Titel wie die folgenden veröffentlicht worden: »Herzensandachten«, »Wohlriechende Lebensfrüchte«, »Geistlicher musikalischer Lustgarten«, »Feuerheiße Liebesflammen einer in Jesu verliebten Seele«, »Sulamitische Freudenküsse einer gläubigen Seele«.

Sehr originell ist sich offenbar der Magister Johannes Quiersfeld aus Pirna vorgekommen, der im Jahre 1682 ein Gesangbuch mit folgendem Titel herausgab: »Des mit Jesus verlobten Tugendliebenden Frauenzimmers allerschönster Seelenschmuck. / In zwölferley geistlichem Habit. Also nemlich: 1. Andächtigen Schlaff-Habit, 2. Liebreizenden Gartenkleidern, 3. Zierlichen Tugendkleidern, 4. Anständigen Standes-Habit, 5. Ehrliebenden Matronen-Habit, 6. Geringen Wittwen- und Waisen-Habit, 7. Demütigen Buss-Habit, 8. Keuschen Hochzeitskleidern, 9. Geistreichen Festkleidern, 10. Schwarzfärbigen Trauerkleidern, 11. Weißen Patienten-Habit, 12. Erdfärbigen Sterbekleidern usw.« (zit. n. Stoffsammlung Müller, s. Literaturverzeichnis).

§ 23 *Das Gesangbuch der Aufklärung*

In der Geschichte des evangelischen Gesangbuchs war das Aufklärungsgesangbuch das erste, das in kompromißloser Weise eine Gegenwartsnähe anstrebte. Deshalb wurden fast alle aus früheren Epochen aufgenommenen Lieder einer Überarbeitung unterzogen. Bei diesen »Verbesserungen« wurden die älteren Lieder inhaltlich und textlich durchgesehen; man entfernte alle dogmatisch oder sprachlich anstößigen Stellen. Damit hoffte man den Gemeinden einen guten Dienst zu tun. Der Geschmack des Volkes aber entsprach nicht dem der Gebildeten. So kam es bei der Einführung der neuen Gesangbücher zu erbitterten Protesten. Die neu aufgenommenen Lieder zeichnen sich fast durchweg durch einen Mangel an poetischem Schwung und durch eine platte Moralpredigt aus. Die äußerst nüchtern ausgestatteten Gesangbücher werden nach dogmatischen, nicht nach liturgischen Gesichtspunkten geordnet.

Die Gliederung der Gesangbücher der Aufklärungszeit geschieht nach dogmatischen Gesichtspunkten. Daran wird die Abkehr von der liturgischen Ordnung deutlich. Man nimmt gern als ersten Hauptteil der neuen Bücher die Lehre von Gott. Es folgen die Pflichten gegen Gott, Pflichten gegenüber dem Nächsten usw. Daran schließen sich dann Themen zum zweiten und dritten Glaubensartikel an.

Als Ziel der Gesangbücher wird angegeben, diese sollten durch eine zweckmäßige Einrichtung der vernünftigen Andacht dienen und zu reinen und der Religion Jesu würdigen Gedanken und Empfindungen Anlaß geben (Vorrede zu einem im Jahre 1765 erschienenen rationalistischen Anhang zum Porstschen Gesangbuch).

Das wohl typischste Aufklärungsgesangbuch ist das »Gesangbuch zum gottesdienstlichen Gebrauch in den Königlich Preußischen Landen«, das von den Berliner Theologen Diterich, Spalding und Teller im Jahre 1780 bei Mylius in Berlin verlegt wurde. Der Mylius wurde mehr ein berüchtigtes als ein berühmtes Gesangbuch. Der Hauptherausgeber, der Berliner Oberkonsistorialrat Samuel Diterich, war besonders rigoros in seinen Ansichten. Nelle nennt ihn den »Geiserich unter den Gesangbuchvandalen« und spricht von ihm und seinen Mitherausgebern als »Männern, die nicht Leib noch Seele der Gesangbuchlieder schonten und sie in glaubens- und geschmacklosen Mißbildungen der Gemeinde boten«.

Der Mylius war der Versuch eines preußischen Einheitsgesangbuches und verdient als solcher unsere Beachtung. Friedrich II. ordnete seine Einführung an. Er schrieb: »Wir haben zur Beförderung wahrer christlicher Erbauung und zu mehrerer Gleichförmigkeit des Gottesdienstes statt der verschiedenen Sammlungen zuträglich erachtet, ein allgemeines Gesangbuch von neuem besorgen zu lassen.« Aber man hatte mit diesem Gesangbuch die Rechnung ohne den Wirt gemacht: die Gemeinden setzten sich fast überall zur Wehr. Mit den neuen Texten, vor allem aber mit den »verschlimmbesserten« alten Liedern hatte man nur dem Anliegen einiger »Gebildeter« Genüge getan, aber sich weit von einer echten volkstümlichen Frömmigkeit und Poesie entfernt. In dogmatischer Hinsicht war man »weitherzig« gewesen (so bezeichnete man selbst die ausgesprochen laxe Verfahrensweise); aber glaubensmäßig erhielt dieses Gesangbuch dadurch eine derartige Indifferenz, daß ihm jegliche Frische und positive Geprägtheit fehlte.

Auch in musikalischer Hinsicht ist der Mylius ein bedauerlicher Rückschritt: 447 Texten stehen nur 90 Melodien gegenüber, wodurch einige der Singweisen zu Allerweltsmelodien werden. Am häufigsten erscheint »Wer nur den lieben Gott läßt walten«. Diese Melodie wird im Mylius fünfzigmal strapaziert.

Das Berliner Konsistorium, das durch seine führenden Köpfe in der Gesangbuchangelegenheit zu stark engagiert war, wollte von den Beanstandungen natürlich nichts wissen. So kam es zu Immediateingaben an den König. In seiner unbedingt toleranten Grundhaltung schrieb Friedrich eigenhändig unter eine solcher Eingaben: »Ein Jeder kann bei mir glauben, was er will, wenn er nur ehrlich ist; was die Gesangbücher angeht, so steht einem Jedem frei zu singen: Nun ruhen alle Wälder oder dergleichen thöricht und dummes Zeug; aber die Priester müssen die Toleranz nicht vergessen, denn ihnen wird keine Verfolgung gestattet werden.«

Es gab außerhalb Berlins noch dramatischere Zuspitzungen bei der beabsichtigten Einführung des Mylius. Petrich überliefert über den Versuch einer Einführung dieses Aufklärungsgesangbuches in Lütgendortmund in der Mark folgende Anekdote (S. 27/28):

»Lütgendortmund in der Grafschaft Mark bietet uns das anschaulichste Beispiel der Stimmung, die sich hier, dem Volkscharakter entsprechend, ungleich handfester als in der Hauptstadt betätigte. Als der amtliche Gebrauch des ›Berliner Buches‹ für den Beginn des Jahres 1785 von Obrigkeits wegen befohlen war, lief ein unheimliches Grollen durch die Bauernschaften. Schulzen und Lehrer übernahmen selber die Führung. Man beschloß, trotz allem am 3. Sonntag des Jahres wieder aus ihrem alten, ihnen ans Herz gewachsenen Gesangbuche zu singen, und zwar das Lied ihres pietistischen Landsmanns Franz Vogt unter Nummer 309:

›Halte, was du hast empfangen,
Mein so teur erkaufter Christ,
Da viel Geister ausgegangen,
Die durch ihre schnöde List
Schändlich alle wollen gern
Dir den heilgen Morgenstern
Nehmen oder dunkel machen;
Ach, es ist hier Zeit zu wachen.‹

Die Lehrer übten diesen und die anderen zu singenden Texte mit ihnen ein. Am bestimmten Sonntag saßen die Verschwörer wie sonst auf ihren ›Böden‹. Einer hatte mit Kohle ›Nr. 309‹ an die Wand geschrieben. Das Hauptlied kam, die Orgel spielte die Weise dazu, ein paar gehorsame Stimmen sangen sie mit, die meisten und kräftigsten dagegen protestierten mit dem ›Halte, was du hast empfangen‹, was dann keineswegs lieblich klang. Bei der Predigt verhielt man sich still; als aber die Verordnung wegen des neuen Buches verlesen ward, setzte lauter Tumult ein, in erhobenen Händen hielt man dem Geistlichen die alten Bücher entgegen. Am Sonntag danach wurde es noch ärger; schon während des Präludiums stimmte man das Schlachtlied an. Der Küster schlug mit der Faust auf die Orgelbank und rief ihnen entgegen:

Gemeinde gegen Gesangbuch und seine Umdichtungen

›Wenn ihr singen wollt, will ich schweigen!‹ Der Prediger schlug mit der Bibel auf die Kanzel, um sich Ruhe zu verschaffen, es half nur wenig. Der andere, nicht amtierende Geistliche schritt, seiner Kurzsichtigkeit wegen mit dem Augenglas in der Hand, durch die Bankreihen, um die Übeltäter festzustellen, und titulierte sie dabei ›Teufelskinder‹ und ›Rebellen‹, was natürlich eine der Absicht entgegengesetzte Wirkung hatte. Die Sache kam vor Gericht. Der Pastor erklärte: ›Gott weiß, daß ich ein Verehrer des neuen Buches bin, aber eingeführt kann es hier nicht werden, wenn es nicht allgemein geschieht. Sie glauben es nicht, meine hochgeschätzten Herren, was für ein entsetzlicher Abscheu gegen das schöne Buch von dem blinden Pöbel gehegt wird.‹ Wenn die Einführung trotzdem geschähe, möge das löbliche Gericht nur gefälligst assistieren und 200 Schützen hinzuziehen, er entschlage sich aller Verantwortung. Gleichwohl lautete das Urteil vom 15. Dezember desselben Revolutionsjahres dahin, die Pastoren hätten am nächsten Sonntag wieder das neue Buch zu gebrauchen bei 20 Taler Strafe. Die Akten über die weitere Entwicklung liegen leider nicht vor. Nur soviel steht fest: In Lütgendortmund ist der Mylius niemals eingeführt worden.«

Obwohl die Reaktion der Gemeinden auf die rationalistischen Gesangbücher bekannt war, wollten auch anderenorts die Aufklärungstheologen nicht darauf verzichten, solche Gesangbücher herauszugeben. 1791 erschien das Württemberger Gesangbuch. Ein Tuttlinger Dekan hatte empfohlen, darin alles auszumerzen, was unsere Religion von anderen unterscheidet, damit es auch von anderen benutzt werden könne! Besonders gern wurde in Gesangbüchern dieser Zeit Luthers Lied »Ein feste Burg« gestrichen – um die Katholiken nicht zu ärgern!

In Dresden erschien im Jahre 1796 ein typisches Aufklärungsbuch. In der Nationalzeitung war darüber ein Aufsatz zu lesen, der von der Selbsteingenommenheit dieser Epoche in bezeichnender Weise Aufschluß gibt. Es heißt darin: »Bei uns kann das Bedürfnis eines neuen Gesangbuchs in Jahrhunderten nicht eintreten, denn es hat Dr. Tittmann dem Dresdnischen Gesangbuch die möglichste Vollkommenheit gegeben, und die rechte Lehre, wie sie hier in auserwählten Liedern vorgetragen wird, ist über alle Verbesserung erhaben.« Ausgerechnet die Aufklärungsgesangbücher gehörten aber zu den kurzlebigsten in der Gesangbuchgeschichte.

Das Myliussche Gesangbuch wird an rationalistischer Verflachung noch übertroffen von dem Naumburger Aufklärungsgesangbuch aus dem Jahre 1806. Auch dieses beginnt nach einem kurzen Kapitel über den »Wert des heiligen Gesanges« mit einem streng dogmatisch geordneten Abriß. Eine Fülle von neuen Liedern aus diesem Gesangbuch kann man nur mit einem belustigten Kopfschütteln zur Kenntnis nehmen. Ungemein peinlich wirken dagegen wieder die Umdichtungen. Auch an Luthers Liedern nimmt man unbedenklich Veränderungen vor, ohne daß es – größtenteils – dafür einsichtige Motive gäbe. So hat Klopstock Luthers Glaubenslied umgedichtet. Die erste Strophe heißt in der umgearbeiteten Fassung:

>»Wir glauben an den ein'gen Gott,
>Schöpfer Himmels und der Erden.
>Er, unser Vater, unser Gott,
>hieß uns seine Kinder werden.
>Er will uns auch stets ernähren,
>jedes wahre Gut gewähren.
>Er beschloß schon, eh' wir waren,
>unsre Rettung in Gefahren.
>Er ist's, der für uns sorgt und wacht,
>und Alles steht in seiner Macht.«

Weit einschneidender ist der Eingriff Klopstocks in die dritte Strophe. Dieser gibt er folgende Gestalt:

>»Wir glauben an den heil'gen Geist,
>unsern göttlichen Regierer,
>den Jesus Christus uns verheißt,
>uns zum Beistand und zum Führer.
>Der in Trübsal seine Christen
>eilt mit Muth und Kraft zu rüsten;
>der uns lehrt Vergebung finden
>und der Tugend Werth empfinden.
>Er flößet uns im Todesschmerz
>des ew'gen Lebens Trost ins Herz.«

Rein formal ist schon der unechte Reim (finden – empfinden) zu beanstanden. Warum nun aber unbedingt aus einer Liedfassung des dritten Glaubensartikels ein Tugendlied werden muß, ist nicht im geringsten einzusehen!
Paul Gerhardt wird in den Aufklärungsgesangbüchern so gut wie völlig totgeschwiegen. In dem Naumburger Gesangbuch ist sein Lied »Ist Gott für mich, so trete gleich alles wider mich« enthalten; es wird jedoch auch in das Prokrustesbett des Zeitgeistes eingespannt. Paul Gerhardt steht mit seinen Aussagen im Zentrum des evangelischen Glaubens von der Rechtfertigung des Sünders. Dies kann man von G. J. Zollikofer nicht mehr sagen, der das Paul-Gerhardt-Lied »verbessert« und als dritte Strophe folgenden Text bietet:

»Wenn ich aus Schwachheit fehle,
und nur aus Vorsatz nicht,
so stärket meine Seele
die hohe Zuversicht:
Den, der, Herr, deinen Willen,
so gut er immer kann,
bemüht ist zu erfüllen,
siehst du erbarmend an.«

Hier hat Goethe (»Wer immer strebend sich bemüht, den können wir erlösen«) stärker Pate gestanden als das Neue Testament.
Die äußere Aufmachung der Gesangbücher entsprach der Nüchternheit ihres Inhaltes. Wozu auch sollte – nach rationalistischem Verständnis – der viele Zierat gut sein, mit dem in der Reformationszeit die Gesangbücher ausgestattet wurden?
Als Fazit dieser Epoche möchte ich noch einmal einige Sätze von Petrich zitieren: »Erst die langsame und stete Maulwurfsarbeit der nächsten 20 Jahre brachte das traurige Werk zu seinem Ziel, und etwa zwei Dutzend ausgesprochen rationalistische Gesangbücher innerhalb unsrer Reichsgrenzen taten dazu das meiste. Da hatten dann die alten glaubenskräftigen Bücher die verdienstvolle Aufgabe, in den Häusern und, soweit sie noch galten, auch in den Kirchen den öffentlich geächteten Glauben der Väter zu überwintern. Sie haben es verhindert, daß er auch unter der vernünftigsten Predigt nicht völlig erstarb« (S. 29).

§ 24 Das Gesangbuch im 19. Jahrhundert

Mit Ernst Moritz Arndts Schrift »Von dem Wort und dem Kirchenliede« (1819) beginnt in der Gesangbuchgeschichte die radikale Abwendung vom Gesangbuch der Aufklärung. Seit der Mitte des 19. Jahrhunderts werden fast überall die Orts- bzw. Ephoral-Gesangbücher durch Landes-(Provinzial-)Gesangbücher ersetzt. Die aufgenommenen älteren Lieder zeichnen sich wieder durch größere Originaltreue aus. Die Zahl der Lieder eines Gesangbuches wird meist auf etwa 500 gesenkt, so daß der Inhalt wieder überschaubar wird.

Die Gesangbuchentwicklung im 19. Jahrhundert verläuft in zwei Phasen: von 1819 bis 1854 und von 1854 bis 1915.

1. Von 1819 bis 1854
Die Niederlage gegenüber Napoleon und die Erhebung in den Befreiungskriegen wird auch kirchlich-theologisch reflektiert und im Zusammenhang mit dem Zerfall von Lehre und Lied und ihrer Erneuerung gesehen. Das ist der Hinter-

grund von Ernst Moritz Arndts Schrift »Von dem Wort und dem Kirchenliede« (1819), auf die bereits hingewiesen wurde (vgl. S. 47).

Arndts Vorschlag, man solle ein deutsches Einheitsgesangbuch für alle Konfessionen herausgeben, war zwar von vornherein utopisch. Von nachhaltiger Wirkung war jedoch das von ihm entwickelte Programm, daß man die Lieder der Väter in ihrer Originalgestalt zu übernehmen habe und daß es nicht angängig sei, ihnen ins Wort zu fallen. Die Begeisterung für das Alte war damals allgemein. Es ist mehr als eine nur zufällige zeitliche Parallele, daß ebenfalls im Jahre 1819 die Ausgabe der Monumenta Germaniae Historica zu erscheinen beginnt. Luther ist für Arndt »die höchste geistige Blüte des Zeitalters in dem Worte und Liede«. Dagegen bieten die Machwerke der letztvergangenen fünfzig Jahre eine »wässerige und unkräftige Kost«. Die Lieder der Aufklärungszeit müssen »wieder abgeschafft und ausgekehrt werden«. Arndt weiß sich mit dem einfachen Volk verbunden. »Mit diesem kleinen Volke, unter diesem Volke und in diesem Volke habe ich mein Zeitalter erlebt, und wenn ich etwas weiß, so weiß ich es durch das Volk. Hier habe ich denn auch bei Menschen meines Bekenntnisses die große Hungersnot gesehen, worin sie geraten sind durch die mageren und dürftigen Katechismen und Gesangbücher, die ihnen die alte Einfalt und Kraft des Wortes, die alte Innigkeit und Fröhlichkeit der Sprache und des Glaubens verdünnt und weggewässert haben.«

Die von Arndt aufgestellten Grundsätze bestimmten die Arbeit der nächsten Jahrzehnte. Zwar hat man den Gedanken an ein Einheitsgesangbuch zunächst völlig beiseite gestellt. Auch in der Frage der Originaltreue hielt man sich keineswegs konsequent an den Arndtschen Grundsatz der Unantastbarkeit alter Lieder, aber die im wesentlichen positive Einstellung zu den Originaltexten ist doch unverkennbar.

Das erste Buch, das die neuen Grundsätze in die Tat umsetzte, war ein von L. G. Kosegarten herausgegebenes Liederheft »Die Lieder Luthers sammt einer Auswahl bewährter Kirchen-Gnsänge«, das er 1818 in Greifswald veröffentlichte in der Hoffnung, es möchte als Anhang dem neuen Pommerschen Gesangbuch beigegeben werden. Diese Hoffnung erfüllte sich jedoch nicht, da Kosegarten die Arndtschen Grundsätze zu radikal realisiert hatte.

Eines der bedeutendsten Gesangbücher aus dem ersten Jahrzehnt der restaurativen Periode ist das Berliner Gesangbuch von 1829, das von führenden Berliner Theologen (unter anderen Friedrich Schleiermacher) redigiert wurde. In der Vorrede wird erklärt, daß man eine möglichst große Originalnähe erstrebt habe. In dogmatischer Hinsicht sei es das Anliegen gewesen, »von den verschiedenen Auffassungsweisen der christlichen Glaubenslehre keine ausschließlich zu begünstigen, aber auch keiner ihre Stelle zu verweigern, die als Äußerung des frommen Gefühls sich mit der evangelischen Wahrheit und mit dem Wesen

eines kirchlichen Buches in Einklang bringen läßt«. Der tatsächliche Inhalt dieses Gesangbuches steht aber in einem recht schroffen Widerspruch zu den im Vorwort geäußerten Gedanken. An den Texten sind zahlreiche einschneidende und vor allem oft unmotivierte Änderungen vorgenommen worden. So wurde das Gesangbuch von 1829 bald nach seinem Erscheinen sowohl von den Aufklärungstheologen als auch von den Neu-Orthodoxen einer scharfen Kritik unterworfen. Eine Berliner Gemeinde schloß sich von der Annahme des Gesangbuchs aus mit der Begründung, die Bearbeiter seien keine Christen.
Eine der bedeutendsten damaligen Abhandlungen zur Gesangbuchfrage war die Schrift von E. R. Stier: »Die Gesangbuchnoth«, die 1838 erschien. Für den Hauptschaden an den rationalistischen Gesangbüchern und zu einem guten Teil auch noch am Berliner Gesangbuch von 1829 hält Stier die Zerstörung der biblischen Sprache und der biblischen Lehre. In vielen Einzelnachweisen wird die Zersetzung der Glaubenslehre durch die Textänderungen illustriert. Eine Erneuerung des kirchlichen Lebens hält er für illusorisch, solange im Gesangbuch eine Irrlehre verbreitet wird. Stiers temperamentvolle Schrift hatte mindestens die gleiche Wirkung wie Arndts Abhandlung aus dem Jahre 1819.
Der Gedanke an ein deutsches Einheitsgesangbuch wurde durch eine Privatarbeit vorangetrieben: 1833 erschien der »Versuch eines allgemeinen evangelischen Gesang- und Gebetbuchs« von C. C. J. von Bunsen. Bunsens Sammlung erhielt jedoch keine landeskirchliche Legitimation.
Den Abschluß der ersten Phase der Gesangbuchentwicklung im 19. Jahrhundert bildet der Eisenacher Entwurf eines allgemeinen Gesangbuchs für Deutschland mit 150 Stammliedern: Im Jahre 1852 trat in Eisenach eine Konferenz zusammen, zu der Vertreter aller evangelischen Landeskirchen Deutschlands eingeladen waren. Nächst der Frage der Herausgabe eines allgemeinen Kirchenblattes war die Gesangbuchfrage der Hauptverhandlungsgegenstand. Man erkannte die Notwendigkeit, die große Zahl von Lokalgesangbüchern durch ein einheitliches Gesangbuch abzulösen. In der Diskussion einigte man sich darauf, daß eine Sammlung von nicht mehr als 150 bis allenfalls 200 Kernliedern zusammengestellt werden sollte. Eine Kommission sollte den Entwurf dafür erarbeiten und ihn den einzelnen Kirchenleitungen zur Einführung vorlegen. Aber weder die Konferenz noch der Ausschuß hatten gegenüber den Landeskirchen rechtliche Befugnisse; so konnte es sich bei der Vorlage nur um eine Empfehlung handeln.
Bei den Kommissionssitzungen von September 1852 bis April 1853 prallten die Meinungsgegensätze über die Auswahl und die Textgestalt der Lieder hart aufeinander. Trotzdem konnte der zweiten Eisenacher Konferenz im Jahre 1853 der Entwurf zur Prüfung und Empfehlung vorgelegt werden. Mit einigen Abänderungen wurde er einstimmig angenommen. Damit war das Gesangbuch als solches aber noch nicht eingeführt. Abgesehen davon, daß der Entwurf

nur von den Vertretern von sechzehn deutschen Landeskirchen unterzeichnet war, hatten auch von den Unterzeichnern noch namhafte Persönlichkeiten ihre Vorbehalte angemeldet. Nur die Bayerische Landeskirche übernahm diesen Entwurf als Grundlage für das im kommenden Jahre (1854) erscheinende erste deutsche Landesgesangbuch.

Daß bei der Forderung nach einem Einheitsgesangbuch nationale Gedanken mitsprachen, wurde schon erwähnt. Doch war der Gesichtspunkt der kirchlichen Einigung entscheidender. Zwar war man sich darüber einig, daß es auf dem Gebiete des Bekenntnisses noch zu keiner Einigkeit zwischen den deutschen Landeskirchen kommen könne; aber doch schien das Lied geeignet, Ausdruck der Glaubensgemeinschaft aller Christen deutscher Sprache zu sein. Der Eisenacher Entwurf mit seinen 150 Liedern beschränkte sich bei seiner Auswahl ausschließlich auf die Zeit bis 1750. Dies war zum Teil damit begründet worden, daß die Lieder, die überall in Deutschland verbreitet waren, aus den beiden ersten Jahrhunderten des evangelischen Kirchenliedes stammten, nicht aber aus der späteren, in hymnologischer Hinsicht stark divergierenden Zeit. Zum anderen wurde durch diese Auswahl auch bewußt das Liedgut der ersten evangelischen Generation als Idealbild hingestellt.

Nicht nur von der aufklärerischen Gesangbuchtradition kehrte sich der Eisenacher Entwurf entschieden ab, sondern auch vom pietistischen Liedgut. Der Entwurf enthielt im wesentlichen Lieder für die zum Gottesdienst versammelte Gemeinde, Lieder, die sich für die Versammlung im Konventikel weit weniger eigneten. Auch das im Entstehen begriffene «geistliche Volkslied« wurde entschieden abgelehnt. Wackernagel, einer der bedeutendsten Hymnologen aus der Mitte des vergangenen Jahrhunderts, spottete, man solle statt vom geistlichen Volkslied lieber von »Kammerliedern, Dämmerungsliedern, Frauenliedern« reden.

Der Eisenacher Entwurf ist keinesfalls ein bloßes Konzentrat, das auf Grund statistischer Erhebungen gewonnen wurde. Aus einer vergleichenden Übersicht hatte sich ergeben, daß in allen Landeskirchen nur noch sechs Lieder gemeinsam benutzt wurden (»Allein Gott in der Höh sei Ehr«, »Befiehl du deine Wege«, »Ein feste Burg«, »Jesus, meine Zuversicht«, »O Gott, du frommer Gott«, »Wer nur den lieben Gott läßt walten«). Mit den 150 Liedern war also durchaus eine Vorwärtsentwicklung zur gemeinsamen Erarbeitung eines Liederstammes vorgezeichnet.

Um die Mitte des vergangenen Jahrhunderts war die Zeit für eine allgemeine Einführung von Gesangbüchern nach den Prinzipien des Eisenacher Entwurfs noch nicht reif. Dies betrifft sowohl die Liedauswahl (vornehmlich Lieder aus der Reformations- und Gegenreformationszeit) wie auch die Textgestalt der Lieder (möglichste Originalnähe), aber auch in besonderer Weise die Melodien des Gesangbuches. Der Eisenacher Entwurf bedeutete in der Frage der Wiedereinführung des rhythmischen Gemeindegesangs einen radikalen Bruch mit der derzeitigen allgemeinen Praxis. Daher ist es erklärlich, daß – von Bayern abgesehen – sich keine deutsche Landeskirche zur direkten Annahme bereit fand. Trotzdem war seine indirekte Bedeutung außerordentlich. Der Gedanke an ein Einheitsgesangbuch war nicht mehr von der Hand zu weisen. Keines der neu entstehenden Gesangbücher konnte den Eisenacher Entwurf ignorieren.

2. *Die Einführung der Landesgesangbücher (von 1854 bis 1915)*

In der zweiten Hälfte des vergangenen Jahrhunderts wurde die hymnologische Einzelarbeit (die Erforschung der Urgestalt von Text und Melodie der einzelnen Kirchenlieder) intensiv fortgesetzt. Eine Fülle alter, vergrabener Schätze wurde gehoben. Aber die Kehrseite dieser Arbeit bestand darin, daß in Gesangbuchfragen immer stärker die philologisch interessierten Hymnologen das Wort nahmen.

Zunächst schien es so, als ob die meisten deutschen Landeskirchen am Eisenacher Entwurf überhaupt vorbeigehen wollten. In den sechziger Jahren des vergangenen Jahrhunderts erschien eine ganze Reihe von Gesangbüchern, die sich als Umarbeitungen von lokalen, traditionellen Vorgängern erwiesen. Erst die Herausgabe des provinzialsächsischen Gesangbuches aus dem Jahre 1882 knüpft an den Eisenacher Entwurf an. Gleichzeitig bereitet es einer besonders ausgeprägten partikularistischen hymnologischen Entwicklung ein Ende: Das Gesangbuch für die Provinz Sachsen löste 75 Ephoral- bzw. Lokalgesangbücher ab. Beispielsweise besaß Naumburg ein eigenes Gesangbuch, aber schon das acht Kilometer davon entfernte Unstrutstädtchen Freyburg verschmähte es, das Naumburger Buch mit zu benutzen, und gab ein eigenes heraus.

Die Vierhundertjahrfeier von Luthers Geburtstag brachte auch die hymnologische Arbeit in anderen Landeskirchen in Bewegung. Die sächsische Landeskirche erhielt im Jahre 1883 ihr Landesgesangbuch. Es folgten Brandenburg (1886), Sondershausen (1887), Kassel (1889), Rheinland und Westfalen (1892). Allen diesen Büchern ist das Bemühen gemeinsam, bei der Textgestalt eine möglichst große Originalnähe zu erreichen, ohne sich jedoch sklavisch durch einen Originaltext gebunden zu fühlen. Ferner ist eine Abstimmung zwischen den Gesangbüchern unverkennbar.

Während die Textgestalt der meisten dieser Gesangbücher auch nach heutigen Maßstäben überwiegend positiv zu beurteilen ist, sieht es mit ihrer musikalischen Gestalt noch übel aus. Die für das 19. Jahrhundert typische Auffassung, ein Kirchenlied müsse vor allem »feierlich« sein, findet in diesen Büchern seinen Niederschlag. So dominiert nach wie vor die plane Rhythmik. Fast alle Melodien stehen im $^4/_4$-Takt. Die Kirchentonarten werden durchweg zu Dur oder Moll umgebogen und damit verfälscht.

§ 25 Die Entwicklung zum Evangelischen Kirchengesangbuch

Das 1915 erschienene »Gesangbuch für die Deutschen im Ausland« mit seinen 342 Liedern wurde im dritten Jahrzehnt unseres Jahrhunderts von etwa der Hälfte der deutschen Landeskirchen als einheitlicher erster Teil des »Deutschen Evangelischen Gesangbuches« (DEG) übernommen, ein zweiter Teil brachte das provinzialkirchliche Sondergut. In buchkünstlerischer Hinsicht kommt es in manchen Ausgaben des DEG zu einer erfreulichen Neubesinnung. – Die zwölf Hitlerjahre brachten das böse Intermezzo der deutsch-christlichen Gesangbuchreform. Die Jahre nach 1945 mit ihrer Bevölkerungsumschichtung und ihrem geistigen Umbruch schufen die Voraussetzungen für ein Einheitsgesangbuch. 1950 erschien die Stammausgabe des Evangelischen Kirchengesangbuchs (EKG) mit 394 Liedern, das inzwischen – um kurze Anhänge bereichert – in allen Landeskirchen eingeführt worden ist.

Da die zu Beginn unseres Jahrhunderts im Ausland lebenden evangelischen Christen deutscher Zunge meist kleinere Diasporagruppen bildeten, lohnte es sich nicht, für jede dieser Gruppen ein eigenes Gesangbuch zu drucken. Aus dieser praktischen Erwägung erschien das »Deutsche Evangelische Gesangbuch für die Schutzgebiete und das Ausland« (DEG). Seine 342 Lieder bieten im allgemeinen gute Textfassungen. Bei der Liedauswahl ist noch relativ viel pietistisches Liedgut berücksichtigt worden. Manches reformatorische Lied, das uns inzwischen wesentlich geworden ist, fehlt hingegen noch. Die Wiederbegegnung mit den Liedern der Böhmischen Brüder war noch nicht erfolgt. Musikalisch ist das DEG recht zwiespältig: es bietet die alten Kirchenlieder in rhythmischer Gestalt, verflacht aber nach wie vor die Kirchentonarten; auch werden an einer Reihe von Melodien Eingriffe vorgenommen, durch die die Melismen beschnitten werden (z. B. der Beginn von Luthers Glaubenslied oder die Schlußzeile der Melodie »Christ, der du bist der helle Tag«).

Es war ein Bekenntnis zur hymnologischen Einheit der deutschen Landeskirchen, als sich etwa die Hälfte von ihnen entschloß, das DEG als ersten Teil eines Landes- bzw. Provinzialgesangbuches anzunehmen. Andererseits waren die lokalen Traditionen noch so stark, daß ein gleichberechtigter zweiter Teil dem DEG beigegeben werden mußte, wollte man nicht einen unverantwortlichen Bruch mit der bisherigen hymnologischen Tradition der Gemeinden vollziehen.

Folgende Landeskirchen führten das DEG ein:

1927 Frankfurt
1928 Thüringen
1929 Hannover

1930 das »Nordgesangbuch« für Schleswig-Holstein, Lübeck, Mecklenburg
1930 Rheinland und Westfalen
1931 Provinz Sachsen
1931 Brandenburg und Pommern.

Als unrühmliches Intermezzo ist das »Gesangbuch der kommenden Kirche«, das von den Deutschen Christen herausgegeben wurde, zu nennen. Es bemüht sich, alle angeblichen »Judaismen« aus den Texten des Gesangbuches zu tilgen. Vokabeln wie Jehova, Zion, Halleluja, Hosianna und Eigennamen wie Abraham, David werden entfernt, ja sogar der Ortsname Jerusalem wirkt anstößig; so wird aus dem Ewigkeitslied »Jerusalem, du hochgebaute Stadt« in der Umdichtung durch Emanuel Hirsch ein Lied mit folgendem Anfang: »Hell strahlt dein Licht, du hochgebaute Stadt.« Und in Luthers Lied »Ein feste Burg« wird die zweite Strophe verändert: »Fragst du, wer der ist? Er heißt Jesus Christ, der Herr, unser Gott.« – Durch neue Lieder wird ein »heldisches« Christentum propagiert. Auch feiern Gesänge wie »Der Gott, der Eisen wachsen ließ« fröhliche Urständ.

Während des Krieges konnten keine Gesangbücher nachgedruckt werden. Dadurch ergab es sich, daß in den Jahren nach 1945 Gesangbücher zu den gefragten Raritäten gehörten. Aber selbst wenn es wieder zu einem Gesangbuchnachdruck kommen konnte: welches Gesangbuch sollte neu aufgelegt werden? Durch die große Bevölkerungsumschichtung nach dem zweiten Weltkrieg war auch das verlorengegangen, was man bis dahin unter einer regional gewachsenen Kirchenliedtradition verstanden hatte. So ergab sich schon aus rein praktischen Erwägungen zwingend die Frage nach einem neuen, einheitlichen Gesangbuch, das die verschiedenen Provinzialtraditionen verschmolz. Dazu kamen beachtliche hymnologische Neuerkenntnisse und »Entdeckungen«. Auch wollte man an den Liedern, die sich in den dreißiger Jahren bei der Auseinandersetzung mit den Deutschen Christen bewährt hatten (Schröder, Klepper u. a.), keinesfalls bei einem Gesangbuchneudruck vorbeigehen. So war auch aus inneren Gründen ein völlig neues Gesangbuch das Gebot der Stunde.

Schon seit dem Jahre 1939 hatte der Verband Evangelischer Kirchenchöre unter dem Vorsitz von Christhard Mahrenholz (Hannover) an der Frage eines neuen Gesangbuches gearbeitet. Dieser Kreis war besonders stark historisierend ausgerichtet. Infolge der mehrjährigen Vorarbeiten war diese Kommission bereits 1947 in der Lage, den Entwurf eines »Gesangbuches für die evangelische Christenheit« (GEC) vorzulegen. Dieser Entwurf machte es jedermann endgültig deutlich, daß ein Einheitsgesangbuch jetzt zur unumgänglichen Notwendigkeit geworden war.

Parallel zu dem hannoverschen Ausschuß arbeitete in Berlin eine Gesangbuchkommission der östlichen Gliedkirchen unter dem Vorsitz von Oskar Söhngen. Dieser Ausschuß hatte sich zunächst das Ziel gesetzt, alle bisher vorliegenden DEG-Ausgaben zu einem einheitlichen (d. h. einteiligen) DEG zu redigieren und als deutsches Einheitsgesangbuch anzubieten. Der Berliner Kreis war auch dem neuen Kirchenlied gegenüber aufgeschlossener als das GEC. Zudem verhielt man sich gegenüber dem pietistischen Lied nicht ganz so puristisch.

Im April 1948 kam es zu einer gemeinsamen Sitzung der beiden Gremien. Die beiden Entwürfe wurden einander angeglichen und als »Evangelisches Kirchengesangbuch« den Kirchenleitungen zur Annahme und Einführung empfohlen.

Keine Einmütigkeit war über die Frage eines Gesangbuchanhanges zu erzielen. Während Söhngen einem von Anfang bis Ende einheitlichen Gesangbuch das Wort redete, vertrat Mahrenholz die Meinung, daß ein Gesangbuch nur dann ein lebendiges Buch bleibe, wenn durch einen – allerdings dem Umfang nach eng bemessenen – Anhang die Möglichkeit gegeben sei, neues oder auch neu entdecktes altes Liedgut zu erproben. Gegenüber dem Stammteil, der für lange Zeit als unveränderlich gedacht war, sollte der Anhang dann wesentlich beweglicher sein. Alle zehn bis zwanzig Jahre sollte er überprüft werden.

Das Evangelische Kirchengesangbuch erinnert nicht nur durch seinen Titel an den Eisenacher Entwurf von 1854, sondern bedeutet auch inhaltlich die Erfüllung dieses rund hundert Jahre alten Programms.

Obwohl das EKG in erster Linie auf der Arbeit von Hymnologen basiert, ist der häufig zu hörende Vorwurf, es sei am grünen Tisch entstanden, falsch. Das Evangelische Kirchengesangbuch ist die Ernte, die aus der Singbewegung der dreißiger Jahre eingebracht worden ist. Die Erprobung war vor allem durch die Jugendliederbücher »Ein neues Lied« und »Der helle Ton« erfolgt, durch die das kirchliche Singen die Impulse zur Erneuerung erhielt. Das Liedgut ist also nicht um seines Alters willen aufgenommen worden, sondern weil es sich in den Gemeinden der Gegenwart als lebenskräftig erwiesen hatte. Nur durch die eingebrachten Erfahrungen ist es zu erklären, daß das Evangelische Kirchengesangbuch am Anfang der fünfziger Jahre in einer Geschwindigkeit in unseren Gemeinden heimisch wurde, die auch die kühnsten Hoffnungen überstieg.

Gegenüber den in buchkünstlerischer Hinsicht vielfach höchst beachtlichen Ausgaben des DEG hat das EKG einen bedauerlichen Rückschritt gebracht (von einigen wenigen landeskirchlichen Ausgaben abgesehen). Bei der Vorbereitung eines künftigen Gesangbuchs sollte auch seine graphische Gestaltung rechtzeitig mitbedacht werden.

§ 26 Das Evangelische Kirchengesangbuch
Aufbau und musikalische Gestalt

a) Der Aufbau des Evangelischen Kirchengesangbuchs

Das Evangelische Kirchengesangbuch ist in erster Linie ein Buch für den Gottesdienst. Daher sind die beiden ersten Hauptteile nach alter evangelischer Gesangbuchtradition

1. Das Kirchenjahr
2. Der Gottesdienst.

Die Auswahl zu den Liedern des Kirchenjahres ist besonders reichhaltig. Auffällig ist auch, daß kleinere Feste (Johannistag, Michaelisfest u. a.) wieder mit ihnen zugehörigen Liedern aufgeführt werden. Gegenüber den meisten vorangegangenen Gesangbüchern wird unterschieden zwischen den Rubriken »Tod und Ewigkeit« und »Ende des Kirchenjahres«. Die Thematik, die die Evangelien an den letzten Sonntagen im Kirchenjahr anreißen, ist sehr zu unterscheiden von den Liedern, die vom persönlichen Leiden und Sterben singen. Dies ist bisher meist nicht genug differenziert worden.

Unter der Abteilung der Lieder zum Gottesdienst finden wir eine besondere Gruppe (»Liturgische Gesänge«), die neben Liedern zu den Ordinariumsstücken des Gottesdienstes auch das Tedeum und die Litanei enthält. Auch an einem an sich so unbedeutenden Umstand wie dem, daß Nikolaus Decius' Lied »Allein Gott in der Höh sei Ehr« nicht unter den Dankliedern, sondern unter den liturgischen Gesängen steht, wird deutlich, welche Bedeutung das Gesangbuch dem Gottesdienst beimißt. Der nächste Abschnitt ist überschrieben

3. Psalmen, Bitt- und Lobgesänge für jede Zeit.

Die Psalmen bilden eine eigene Gruppe. Dies hängt nicht – wie kritisch geäußert wurde – mit dem Einbruch reformierten Geistes in ein lutherisches Gesangbuch (!) zusammen, sondern ist wiederum aus der liturgischen Praxis heraus zu erklären: die sonntäglichen Introituslieder wie auch die Psalmlieder für Metten und Vespern stehen aus Gründen der besseren Übersicht zusammen.

In diesem Teil finden wir auch die Lieder von der Kirche. (Es wurde bereits darauf hingewiesen, daß alle Lieder dieser Thematik in unserem Gesangbuch aus der Zeit der Staatskirche stammen und entsprechend mit einem Volkskirchentum rechnen. Hier ist durch den Strukturwandel seit 1918 – dem offiziellen Ende der Staatskirche – ein echter Bedarf an neuen Liedern entstanden.) Ferner gehören zu den »Psalmen, Bitt- und Lobgesängen« die eigentlichen »Lob- und Dank-Lieder«; hier ist auch der Themenkreis »Christlicher Glaube und christliches Leben« zu finden. Weiter stehen hier die Lieder von

»Gottvertrauen, Kreuz und Trost« und schließlich die Gruppe »Tod und Ewigkeit«.

4. Lieder für besondere Zeiten und Anlässe
Dieser Teil bringt nach den Tageszeitenliedern und den Liedern für die Jahreszeiten die Gruppe »Um das tägliche Brot« (Tischlieder, Erntedank- und -bittlieder), Lieder für Arbeit und Beruf, ein Reiselied und schließlich die Gruppe »Für Volk und Vaterland«.

Es folgt in den verschiedenen Ausgaben des Evangelischen Kirchengesangbuches der Anhang, der jedoch an Liedzahl (maximal 100) betont und spürbar hinter dem Stammteil (394 Lieder) zurückbleibt. Als Anhang finden wir in vielen Gesangbuchausgaben auch

5. Die drei neutestamentlichen Lobgesänge,
die wegen ihrer Verwendung beim Stundengebet unbedingt ins Gesangbuch gehören.

b) Die Tonalität der Lieder
Neben den vorwiegenden Dur- und Moll-Melodien, wie sie etwa seit der Zeit des Dreißigjährigen Krieges Normalfall sind, finden wir im Evangelischen Kirchengesangbuch für alle Kirchentonarten mit Ausnahme des Lydischen charakteristische Beispiele. Das herbe Dorisch ist die Tonart, in der eine ganze Reihe von Osterliedern steht:

    76 Christ lag in Todesbanden
    80 Erschienen ist der herrlich Tag.

Aber auch Luthers Glaubenslied erhält die gleiche Tonart

    132 Wir glauben all an einen Gott.

Schon der griechische Philosoph Plato hatte sich über die Charakteristik der Tonarten geäußert und dabei das Dorische als kämpferisch-sieghafte Tonart charakterisiert, während er dem Phrygischen den Charakter der edlen Klage zuspricht. (Allerdings waren bei Plato die Bezeichnungen der Tonarten anders als heute.) Als »edle Klagemelodien« könnte man zwei für die phrygische Tonart besonders typische Weisen unseres Gesangbuchs bezeichnen:

    195 Aus tiefer Not schrei ich zu dir (Melodie I)
    309 Mitten wir im Leben sind.

Das Charakteristikum der phrygischen Weisen ist das fallende phrygische Tetrachord. Darunter verstehen wir (bei vorzeichenloser Notierung) den Abgesang a-g-f-e. Diese Wendung, die in dem Liede »Mitten wir im Leben sind« bei acht von den insgesamt zwölf Melodiezeilen die Schlußwendung bestimmt, gibt der ganzen Melodie das Gepräge.

Als mixolydische Beispiele seien genannt:
>   15 Gelobet seist du, Jesu Christ
>   91 Auf diesen Tag bedenken wir
>   163 Gott sei gelobet und gebenedeiet.

Bei dem Weihnachtslied haben sich die Gemeinden schnell in die erst vom Evangelischen Kirchengesangbuch wieder eingeführte mixolydische Kadenzformel eingesungen. Auch das Kyrie eleison von Luthers Abendmahlslied hat sich mühelos mit der Ganztonkadenz f-g durchgesetzt. (In den Gesangbuchausgaben für die unierten Landeskirchen findet sich leider die umstrittene Leittonerhöhung vorgezeichnet!)

Schöne äolische Beispiele sind die Weisen
>   77 Jesus Christus, unser Heiland
>   308 Ich wollt, daß ich daheime wär.

Diese Melodien haben nach heutigem Empfinden durchaus einen Mollcharakter, aber die typisch harmoniebedingten Melodiewendungen, vor allem der erhöhte Leitton (Subsemitonium) sind ihnen fremd.

Analoges gilt für die jonischen Melodien im Vergleich mit dem klassischen Dur:
>   16 Vom Himmel hoch da komm ich her
>   311 Herzlich tut mich erfreuen.

c) Die Notierung der Lieder

Da wir in unserem Gesangbuch Gesänge aus über einem Jahrtausend beisammen finden, in dem sich die Notation grundlegend geändert hat, hat es sich als unmöglich erwiesen, ein und dieselbe Notenschrift für alle Melodien sachgemäß zu verwenden. Wir haben im Evangelischen Kirchengesangbuch drei Notierungsarten zu unterscheiden:

1. Choralnotation
>   130 Kyrie, Gott Vater in Ewigkeit
>   352 Der du bist drei in Einigkeit

Diese Melodien kennen kein Metrum, d. h. ein sich wiederholendes Zählschema. Die Melodien fließen in einem freischwingenden Rhythmus. Die Notierung besteht aus Notenköpfen ohne Hals. Selbstverständlich fehlen die Taktstriche. Bei der Wiedergabe ist darauf zu achten, daß alle Noten im Werte als gleich empfunden werden. Der Spannungsbogen solcher Melodien will erlebt und gestaltet sein!

Die Bistropha (Addition zweier Notenköpfe) bedeutet keine Verdoppelung des Notenwertes, sondern eine Dehnung. Dies ist besonders bei den entsprechenden Partien aus
>   137 Tedeum
>   138 Litanei

zu wissen wichtig. In dieser Notierungsweise gibt es zwei Pausen: die kurze Atempause, die als Apostroph auf der fünften Linie steht, und die sog. gregorianische Pause, die durch den zweiten und dritten Zwischenraum gesetzt wird. Hier ist eine normale Atmung möglich. – In dieser Notierungsweise finden wir hauptsächlich die Lieder aus vorreformatorischer Zeit aufgezeichnet.

2. Mensuralnotation

Dies ist die Notierungsweise für die Lieder aus der Zeit von Luther bis zum Einsetzen der Opitzschen Reform. Dem metrischen Prinzip der Dichtungen entsprechend regelt die Mensuralnotation zwar eine Periodik der Zählzeiten; trotzdem gibt es noch keinen »Takt«, da über die Akzentverhältnisse innerhalb der Mensuren nichts festgelegt ist. Es kann also durchaus geschehen, daß in einer $^4/_4$-Mensur in der ersten Strophe die erste und dritte Note zu betonen sind, in der zweiten Strophe dagegen die zweite und vierte Note. Beim Singen solcher Melodien ist unbedingt darauf zu achten, daß die musikalischen Akzente vom Wort her gesetzt werden. (Häufig zu hörendes, abschreckendes Beispiel »Nún komm, dér Heidén Heiländ«.) – Äußeres Erkennungszeichen der Mensuralnoten sind die nicht durchgezogenen (Nr. 1, 57, 59) oder fehlenden (Nr. 97, 132) »Taktstriche«.

3. Taktnotation

Diese etwa seit dem Dreigestirn Crüger – Ebeling – Hintze beim Kirchenlied übliche Notierungsweise entspricht unserer sonstigen Musizierpraxis. Es ist sowohl die regelmäßige Zählzeit als auch das Akzentverhältnis innerhalb der einzelnen Takte geregelt.

4. Moderne Polymetrik

Entsprechend der Neigung vieler moderner Komponisten, innerhalb eines Stükkes häufig den Takt zu wechseln, haben auch einige der neuen Kirchenliedmelodien eine Polymetrik aufzuweisen. So waren die Melodien von Hans Friedrich Micheelsen ursprünglich mit stetem Taktwechsel notiert. Im Evangelischen Kirchengesangbuch wurde jedoch aus Gründen der besseren Überschaubarkeit auf die Angabe von Taktbezeichnungen und Taktstrichen verzichtet, z. B.

225 O Christenheit, sei hocherfreut.

d) *Die Rhythmik*

In der Zeit zwischen dem gregorianischen Choral und der planen Melodik des 18. und 19. Jahrhunderts hat die Rhythmik des Kirchenliedes sich durch eine besonders ausgeprägte Vielfalt von Modellen ausgezeichnet. Alfred Stier hat in seinem Buch »Kirchliches Singen« die Bedeutung der verschiedenen Strukturen herausgearbeitet.

1. Kurzer Auftakt
>201 Ein feste Burg (ältere Form)
>239 Nun freut euch, lieben Christen gmein
>242 Es ist das Heil uns kommen her

Liedern mit solchen rhythmischen Strukturen wohnt eine frohe, kämpferische Lebendigkeit inne. Sie erfordern eine intensive Deklamation beim Singen und die Wiedergabe in einem Non-legato.

2. Langer Auftakt
>54 O Mensch, bewein dein Sünde groß
>241 Vater unser im Himmelreich

In diesen Weisen geschieht auf der halben Note ein allmählicher Anlauf in die Bewegung der Viertel hinein. Meistens handelt es sich um Gebetslieder, um Texte, die eine meditative Grundhaltung haben. Beim Singen ist darauf zu achten, daß man die Bögen in großer Ruhe aussingt. Die halben Noten sind keineswegs akzentuiert anzusingen, sondern mit einem – mehr gedachten als ausgeführten – Crescendo zu gestalten.

3. Quantitierender Rhythmus
>131 Allein Gott in der Höh sei Ehr
>188 Nun lob, mein Seel, den Herren

Zu Texten, die eine Zweihebigkeit aufweisen, sind Melodien erfunden worden, die durch die Dehnung der Sprachakzente zu Dreiertakten werden (Melodien mit ständigem Wechsel von Halben und Viertelnoten). Bei diesen Weisen wird der Zusammenhang von »Singen und Springen« unterstrichen. Es handelt sich durchweg um fröhliche Lieder. Man hüte sich jedoch, die Betonung, die schon durch die Längung der Akzentnote gegeben ist, auch dynamisch noch zu sehr zu unterstreichen. Sonst wird aus dem fröhlich-bewegten Singen ein hinkender Rhythmus.

4. Reformierte Psalmlieder
(ähnlich auch viele Melodien von Johann Crüger)
Bei diesen Melodien herrscht ein freier Wechsel von Vierteln und Halben vor. Calvins Forderung, ein kirchliches Lied müsse so beschaffen sein, daß es weder als Marsch noch als Tanz empfunden werden könne, steht als theologische Begründung hinter den Melodien dieses Typs.

>181 Jauchzt, alle Lande, Gott zu Ehren
>184 Wie lieblich schön, Herr Zebaoth

Die Lieder des reformierten Psalters sind charakterlich sehr unterschiedlich. Ihnen allen haftet die Eigentümlichkeit an, daß sie nur dann Leben bekommen, wenn man sie in weit schwingenden Bögen aussingt.

5. Die sapphische Strophe
    60 Herzliebster Jesu
    347 Lobet den Herren alle, die ihn ehren
    375 Lobet den Herrn und dankt ihm seine Gaben

Dieses kunstvolle Versmaß wurde von Matthäus Apelles von Löwenstern eingeführt. Er wollte gegenüber der gar zu schematischen Metrik der Opitz-Schule ein Metrum wiederbeleben, das sich nicht so mechanisch herunterleiern läßt. Der textlichen Vorlage entsprechend sind die Melodien zusammengesetzt aus zwei rhythmischen Motiven zu je zwei Takten:

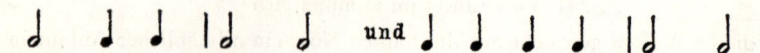

♩ ♩ ♩ |♩ ♩ und ♩ ♩ ♩ ♩ |♩ ♩

Aus diesen beiden Motiven (2 x 2 Takte) werden dreieinhalb Bögen gebildet, die zusammen dann die sapphische Strophe ergeben.

6. Melodien mit Taktwechsel $^3/_2 - ^6/_4$
    126 Herr Jesu Christ, dich zu uns wend
    227 Nun laßt uns Gott dem Herren

Diese Melodien sind im Gesangbuch als durchgehender $^3/_2$-Takt notiert. Wenn man diese Taktbezeichnung wörtlich nimmt, müßte man jeden zweiten Takt dieser Weisen synkopiert singen. Dadurch bekommen sie etwas Krampfiges, dem Melodiefluß Widersprechendes. Alfred Stier versucht, das Besondere dieser Melodien so zu erklären, daß er von einem heimlich durchgehenden $^6/_4$-Takt ausgeht, bei dem nur die Auftaktnoten (Zählzeit 6) gedehnt sind. Das rhythmische Schema sähe dann so aus:

Aus ♩ |♩ ♩ ♩ ♩ |♩ ♩ 𝄽 𝄽 ♩ |...

wird ♩ |♩ ♩ ♩ ♩ |♩ ♩ 𝄽 ♩ |...

und schließlich ♩ |♩ ♩ ♩ ♩ |♩ ♩ ' ♩ |...

Die Komponisten haben sich vermutlich über die Akzentverlagerungen, die sich beim Wechsel von $^6/_4$- und $^3/_2$-Takt ergeben, gar keine Sorgen gemacht – genausowenig wie eine Gemeinde heute darüber reflektiert, wenn sie eine solche Melodie singt. Die Wiedergabe ist immer dann am überzeugendsten, wenn man den durch die melodische Struktur gegebenen Taktwechsel auch in der Begleitung mitmacht, dabei aber auf einen gleichmäßigen Viertel-Puls achtet.

Die von einigen Musikwissenschaftlern vor Jahrzehnten vertretene Hypothese, man solle den $^6/_4$-Takt triolisch empfinden und den Grundschlag (punktierte Halbe) auf den $^3/_2$-Takt übertragen, läßt sich musikgeschichtlich nicht halten. Es sind Originalsätze erhalten, bei denen in den Begleitstimmen bei solchen Melodien die Viertelbewegung glatt weiterläuft. Ein Wechsel von duolischen zu triolischen Vierteln ist dabei keineswegs anzunehmen.

7. Melodien mit Akzentverschiebungen (Synkopen)

    146 Christ unser Herr zum Jordan kam
    201 Ein feste Burg ist unser Gott

Es ist die Vermutung ausgesprochen worden, daß ein rhythmisch so vielgestaltiges Lied wie Luthers »Ein feste Burg« ursprünglich als Gemeindelied in planer Choralnotation aufgezeichnet, dann aber bei der Bearbeitung für Chor in eine rhythmisch komplizierte Fassung umgegossen worden sei, die wegen ihrer Schwierigkeit niemals für den Gemeindegesang bestimmt gewesen sein könne. Für diese These spricht etwa das Autograph von Luthers Vaterunserlied: Auf dem erhaltenen Blatt befindet sich unter dem Text der letzten Strophe eine von Luther konzipierte Melodie in Choralnotation, nicht in einer rhythmisch komplizierten Gestalt. Aber das Klugsche und das Babstsche Gesangbuch enthalten eine Fülle von Melodien in einer rhythmisch höchst lebendigen (und entsprechend anspruchsvollen!) Gestalt, und zwar als Gemeindefassung, nicht als Cantus firmus eines mehrstimmigen Satzes! Als besonders synkopenfreudiges Beispiel sei das Lied »O Herre Gott, dein göttlich Wort« (Babst Nr. 50) genannt (vgl. das Faksimile auf S. 110).
Auch die reformierten Psalmlieder, die im gleichen Jahrzehnt veröffentlicht wurden, sind reich an Synkopen. Diese Melodien sind jedenfalls im Gottesdienst einstimmig von der Gemeinde gesungen worden. Plane Melodiefassungen dieser Lieder hat es nie gegeben. Nichts spricht dagegen, daß das, was in Genf möglich war, auch in Wittenberg praktiziert wurde.
Solche Lieder wollen äußerst lebendig gesungen sein. Gewiß gehören die synkopierten Bindungen zu dem Schwierigsten in unserem Kirchenlied. Aber im »Jahrhundert des Rhythmus« müßte es doch möglich sein, die im Verhältnis zur heutigen Unterhaltungsmusik immer noch einfache Rhythmik auch in unserem Kirchengesang zu pflegen. Gerade in Luthers Lied »Ein feste Burg« kommt einem die ausgeglichene (neuere) Form äußerst fade vor, wenn man die rhythmische Fassung einmal gut gesungen erlebt hat.

Knapp drei Jahrzehnte sind seit der Einführung des Evangelischen Kirchengesangbuchs vergangen. Die Liedauswahl hat sich im allgemeinen bewährt. Im

Abb. 4. »O Herre Gott, dein göttlich Wort« aus dem Babstschen Gesangbuch (Originalgröße 90 × 140 mm)

Vergleich mit früheren Gesangbüchern gibt es im Stammteil unverhältnismäßig wenig »tote« Lieder. Andererseits hat sich in der Kirche und in ihrer Umwelt seit der Einführung des EKG so vieles gewandelt, daß auch dieses Gesangbuch das Schicksal aller seiner Vorgänger teilt: es veraltet. Nach einer Generation ist der Bedarf nach einem neuen Gesangbuch unübersehbar.

§ 27 *Ausblick*

Die Kritik an der Liedauswahl und an der sprachlichen Gestalt älterer Lieder im Evangelischen Kirchengesangbuch fordert zu einer Besinnung darüber heraus, was bei einer Revision gestrichen werden soll, was einer Überarbeitung bedarf und was bleiben kann. Bewährte neue Lieder stehen zur Aufnahme in ein Gemeindegesangbuch an. Vor allem ist auf eine inhaltliche Ausgewogenheit zu achten; thematische Lücken sind zu schließen.

Ein Gesangbuchtext ist noch weniger sakrosankt als eine Bibelübersetzung. So wurden schon bei Nachauflagen des EKG kleine sprachliche Retuschen vorgenommen. Beispielsweise heißt es in Luthers Glaubenslied jetzt: »der aller Schwachen (statt: Blöden) Tröster heißt« (132,3). Die nicht mehr gebräuchliche Sprachform »heint« wurde in Nikolaus Hermans Morgenlied in »heut« geändert (339,1). Aus dem »Zeuch ein« in Paul Gerhardts Pfingstlied wurde ein »Zieh ein« (105,1). Vereinzelt wurden sogar sprachliche Änderungen vorgenommen, die beim Parallelgebrauch verschiedener Auflagen schon spürbarer sind: Der Beginn der letzten Strophe von Michael Weißes Morgenlied »Der Tag bricht an und zeiget sich« (333) lautete in den ersten Ausgaben: »Gib dein' Segen auf unser Tun, fertig (mit Fußnote: vollende) unser Arbeit und Lohn«. Die beiden Zeilen wurden geglättet und ohne Fußnote verständlich gemacht: »Gib deinen Segen unserm Tun und unsrer Arbeit deinen Lohn«.
Auch wenn der Anteil der Lieder, die sich in der gemeindlichen Praxis nicht eingesungen haben, niedriger ist als bei den meisten vorangegangenen Gesangbüchern, ist ihre Zahl doch zu groß, als daß sie von Auflage zu Auflage mitgeschleppt werden könnten. Allerdings ist die Frage, was sich in einer Gemeinde bewährt hat und was nicht, keineswegs nur mit den Mitteln der Statistik zu beantworten. Von zwei Großstadtgemeinden werden völlig unterschiedliche Prozentzahlen gemeldet: In einer werden mehr als 80% der Lieder aus dem Stammteil des Gesangbuchs gesungen, in einer anderen sind es weniger als 50%. Es wäre jedoch völlig verfehlt, hieraus Rückschlüsse auf die Singefreudigkeit oder gar auf die Intelligenz dieser Gemeinden zu ziehen. Vielmehr liegt der Unterschied ganz einfach darin begründet, daß in der erstgenannten Ge-

meinde von Pfarrern und Kantor ein Jahresliedplan aufgestellt wurde mit dem Ziel, das Liedangebot des Gesangbuchs möglichst umfassend zu nutzen, während in der anderen Gemeinde die theologische Toleranzbreite der Pfarrer bei der Liedauswahl wesentlich geringer ist. In beiden Fällen entscheiden also nicht die Gemeinden darüber, was sie singen möchten. Die Statistik kann nur die Häufigkeit ermitteln, mit der die Lieder an den Nummerntafeln erscheinen. Nicht die Gemeindegemäßheit eines Liedes wird ermittelt, sondern seine Durchschnittsbewertung durch die Pfarrer!

Die Kirchenleitungen aller deutschsprachigen evangelischen Kirchen, die das Evangelische Kirchengesangbuch eingeführt haben, haben den Arbeitsauftrag erteilt, bis zum Jahre 1985 den ersten Entwurf eines neuen Gesangbuchs zu erstellen. Ob dann ein Probedruck vorgelegt werden wird, der in ausgewählten Gemeinden für eine befristete Zeit praktiziert wird, ehe es zu einer endgültigen Beschlußfassung kommt, oder ob die Synoden ohne eine solche Erprobungsphase ihre Entscheidung fällen werden, ist noch nicht abzusehen. Vor dem Jahre 1990 ist jedoch schwerlich mit dem Erscheinen des neuen Gesangbuchs zu rechnen.

Die Vorbereitungsgremien für dieses neue Buch sind in zwei Unterausschüsse geteilt: Eine Gruppe hat die Aufgabe, das traditionelle Liedgut zu durchforsten; die andere beschäftigt sich mit dem neuen Liedgut deutscher Zunge sowie mit dem Liedgut aus der Ökumene (älteren und neueren Datums) und seiner Übersetzung.

Bei der Durchsicht des traditionellen Liedgutes stößt man zunächst auf die Entdeckung, daß es auch heute noch stark unterschiedliche Akzentsetzungen in den verschiedenen Kirchengebieten gibt, so daß ein und dasselbe Lied in einer Landeskirche zu den beliebtesten zählt, während es in einem anderen Kirchengebiet ganz oder fast ungebräuchlich ist.

Nicht nur das Evangelische Kirchengesangbuch und seine unmittelbaren Vorgänger sind sorgfältig auf brauchbare Lieder zu überprüfen, sondern auch Gesangbücher früherer Jahrhunderte sind darauf zu untersuchen, ob etwa Lieder wieder eine neue Aktualität gewonnen haben (bzw. gewinnen könnten). Auch private Liedersammlungen enthalten unter Umständen Perlen, die bisher von allen Gesangbuchkommissionen übersehen worden sind; jedoch ist die Wahrscheinlichkeit hierfür sehr gering.

Wert und Beliebtheit traditioneller Lieder sind keineswegs immer identisch. Friedrich Rückerts Adventslied »Dein König kommt in niedern Hüllen« hat sich zum Beispiel in keiner Landeskirche bisher größerer Beliebtheit erfreut. Es wäre dennoch schade, wenn dieses Lied gestrichen würde, weil es aus christlicher Sicht einige wesentliche Aussagen zur Friedensthematik enthält, wie sie in dieser Deutlichkeit kaum in einem anderen Text unseres Gesangbuchs zu finden sind (»O mächtger Herrscher ohne Heere, gewaltger Kämpfer ohne Speere, o Friedensfürst von großer Macht«, 12,2). Eine bessere Melodie könnte diesem Lied vielleicht doch noch zu einem festen Platz im Gesangbuch verhelfen.

Nach dem jetzigen Stand der Vorarbeiten (Herbst 1982) werden voraussichtlich rund achtzig Lieder des EKG-Stammteils gestrichen werden. Die Zahl der Stammlieder des künftigen Gesangbuchs soll auf etwa 500 erhöht werden. Dies bedeutet einen Freiraum für die Neuaufnahme von 180 bis 190 neuen Liedern.

Die Arbeitsgruppe, die sich mit dem neuen Liedgut befaßt, brachte zunächst 350 Lieder ins Gespräch. Die Mehrzahl davon wurde jedoch nur von einer deutlichen Minderheit befürwortet. Nach einer dritten Runde blieben nur noch knapp einhundert Lieder übrig, die als voraussichtlich wertbeständig angesehen wurden.

Nach dem Vorbild der Vorarbeiten für das niederländische »Liedboek voor de Kerken«, das 1973 erschien und in vieler Hinsicht als vorbildlich zu gelten hat, sollte die Arbeitsgruppe bei der Weiterarbeit keineswegs nur schon bestehende Liedersammlungen durchsehen, sondern bei inhaltlichen Lücken gezielt versuchen, neue Texte und Melodien zu erhalten. Auch Übersetzungen können hierfür in Auftrag gegeben werden, sofern sich zu der jeweiligen Thematik im fremdsprachigen Kirchenlied Beispiele finden lassen.

Das künftige Gesangbuch soll kein Florilegium, keine Anthologie, kein repräsentativer Querschnitt durch die Geschichte des evangelischen Kirchenliedes werden. Weder die kirchengeschichtliche Bedeutung eines Liederdichters oder Singweisenschöpfers noch die historische Bedeutung des einen oder anderen Liedes sind für die Aufnahme in ein neues Gesangbuch von Belang, sondern einzig und allein die Frage nach der Aktualität für die Gemeinde von heute (bzw. von morgen).

Unsere Gemeinden sind im allgemeinen nicht sonderlich aufgeschlossen für das Erlernen neuer Lieder. Das evangelische Kirchenlied wird aber nur dann vor einer Stagnation bewahrt bleiben, wenn es gelingt, dieses Phlegma abzuschütteln. So haben vorerst die Gesangbuchausschüsse, danach die Synoden, in letzter Instanz aber die Gemeinden die Aufgabe zu erfüllen und das Angebot wahrzunehmen: »Prüfet alles! Das Gute behaltet!« (1. Thess. 5,21). Diese paulinische Aufforderung gilt in besonderer Weise auch für das Gebiet der Hymnologie.

Literatur (in Auswahl)

Aengenvoort, Johannes: Von der echten und falschen Kontrafaktur im geistlichen Lied, in: Kirchenmusik im Spannungsfeld der Gegenwart, Kassel 1968

Albrecht, Christoph: Schleiermachers Liturgik ... Beilage: Schleiermacher und das Berliner Gesangbuch von 1829, Berlin 1962

Albrecht, Christoph: Zur Theologie der »neuen Lieder«, in: Die Zeichen der Zeit, 26. Jg., Berlin 1972 (Zusammenfassung in: Musik und Kirche 42, Kassel 1972)

Albrecht, Christoph: Das Verhältnis von Geistlich und Weltlich in der Musik der Vergangenheit und Gegenwart, in: Kirchenmusik im Spannungsfeld der Gegenwart, Kassel 1968

Ameln, Konrad: Das Achtliederbuch vom Jahre 1523/24, in: Jahrbuch für Liturgik und Hymnologie, 2. Jg. 1956 (das als Beilage einen Faksimiledruck dieses Liederheftes enthält), Kassel 1957

Blankenburg, Walter: Geschichte der Melodien des Evangelischen Kirchengesangbuchs, in: Handbuch zum EKG, Bd. II/2, Göttingen und Berlin 1957

Blankenburg, Walter: Der gottesdienstliche Liedgesang der Gemeinde, in: Leiturgia, Bd. IV, Kassel 1961

Blankenburg, Walter: Kirche und Musik. Gesammelte Aufsätze zur Geschichte der gottesdienstlichen Musik, Göttingen 1979

Blume, Friedrich: Geschichte der evangelischen Kirchenmusik, Kassel 1965[2]

Brodde, Otto: Evangelische Choralkunde, in: Leiturgia, Bd. IV, Kassel 1961

Bunners, Christian: Kirchenmusik und Seelenmusik. Studien zur Frömmigkeit und Musik im Luthertum des 17. Jahrhunderts, Berlin 1966

Fischer, Albert, und *Tümpel, Wilhelm* (Hg.): Das deutsche evangelische Kirchenlied des 17. Jahrhunderts, 6 Bde., Göttingen 1904–1916

Gabriel, Paul: Das deutsche evangelische Kirchenlied von Martin Luther bis zur Gegenwart, Berlin 1951[2]

Gabriel, Paul: Geschichte des Kirchenliedes. Ein Abriß, in: Handbuch zum EKG, Bd. II/2, Göttingen und Berlin 1957

Gabriel, Paul: Das Lied der Kirche. Sein Amt heute, Berlin 1957

Gadsch, Herbert: Der religiöse Schlager, in: Der Kirchenchor, 28. Jg., Heft 2, Kassel 1968

Hegele, Günter (Hg.): Warum neue religiöse Lieder? Eine Dokumentation, Regensburg 1964

Hoffmann, Heinz: Tradition und Aktualität im Kirchenlied. Gestaltungskräfte der Gesangbuchreform in der ersten Hälfte des 19. Jahrhunderts, Berlin 1967

Hoffmeister, Joachim: Der Kantor zu St. Nikolai (Johann Crüger), Berlin 1964

Ihlenfeld, Kurt: Huldigung für Paul Gerhardt, Berlin 1956

Jahrbuch für Liturgik und Hymnologie (Hg.: Konrad Ameln, Christhard Mahrenholz †, Karl Ferdinand Müller † u. a.), Kassel 1955 ff.

Koch, Eduard Emil: Geschichte des Kirchenliedes und Kirchengesanges, 9 Bde., Stuttgart 1867–1877[3]

Kulp, Johannes: Die Lieder unserer Kirche. Eine Handreichung zum Evangelischen Kirchengesangbuch, Göttingen und Berlin 1958

Lucke, Wilhelm: D. Martin Luthers Werke. Band 35 der Kritischen Ausgabe (Lutherlieder), Weimar 1923

Lueken, Wilhelm: Lebensbilder der Liederdichter und Melodisten, in: Handbuch zum EKG, Bd. II/1, Göttingen und Berlin 1957

Mahrenholz, Christhard: Das Evangelische Kirchengesangbuch. Ein Bericht über seine Vorgeschichte, Kassel 1950

Mahrenholz, Christhard: Artikel »Gesangbuch«, in: MGG, Bd. 4, Kassel 1955

Mahrenholz, Christhard: Die Liedauswahl des Evangelischen Kirchengesangbuchs – Die Textfassung des Evangelischen Kirchengesangbuchs – Die Melodien des Evangelischen Kirchengesangbuchs, in: Musicologica et Liturgica, Kassel 1960

Mahrenholz, Christhard: Auswahl und Einordnung der Katechismuslieder in den Wittenberger Gesangbüchern seit 1529, in: Gestalt und Glaube. Festschrift für O. Söhngen, Witten/Berlin 1960

Mahrenholz, Christhard: Das Evangelische Kirchengesangbuch. Rückblick und Ausblick, in: Kirchenmusik im Spannungsfeld der Gegenwart, Kassel 1968

Müller, Hans: Die evangelischen Gesangbücher und geistlichen Liedersammlungen Sachsens, Manuskript, o. J., (etwa 1942)

Die Musik in Geschichte und Gegenwart (MGG): Allgemeine Enzyklopädie der Musik. Herausgegeben von Friedrich Blume, 16 Bde., Kassel 1949–1979

Nelle, Wilhelm: Geschichte des deutschen evangelischen Kirchenliedes, Hamburg 1928[3] (Reprint: Hildesheim 1962)

Petrich, Hermann: Unser Gesangbuch. Seine Vergangenheit, Gegenwart und Zukunft, Gütersloh 1924

Prautzsch, Hans: Das Evangelische Kirchengesangbuch als Beitrag zur Erneuerung der Kirchenmusik, Berlin 1954

Pidoux, Pierre: Über die Herkunft der Melodien des Hugenottenpsalters, in: Jahrbuch für Liturgik und Hymnologie, 1. Jg., Kassel 1955

Röbbelen, Ingeborg: Theologie und Frömmigkeit im deutschen evangelisch-lutherischen Gesangbuch des 17. und frühen 18. Jahrhunderts, Berlin 1957

Schmidt, Eberhard: Das künftige Evangelische Kirchengesangbuch (in einer Publikation gleichen Titels, hg. von der Lutherischen Liturgischen Konferenz), Kassel 1980

Schmidt, Eberhard: Lied und Musik im Gottesdienst, in: Handbuch der Praktischen Theologie, Bd. II, Berlin 1974

Schmidt, Erich: Die Bedeutung des Evangelischen Kirchengesangbuches in der gegenwärtigen kirchenmusikalischen Situation, in: Kirchenmusik im Spannungsfeld der Gegenwart, Kassel 1968

Schröder, Rudolf Alexander: Dichter und Dichtung der Kirche, Berlin 1936

Söhngen, Oskar: Die Zukunft des Gesangbuches, Leipzig 1949

Söhngen, Oskar: Theologie der Musik, Kassel 1967

Stäblein, Bruno (Hg.): Monumenta monodica medii aevi. – I: Hymnen, II: Gesänge des altrömischen Graduale, Kassel 1956/1970

Stier, Alfred: Kirchliches Singen, Berlin 1953

Stier, Rudolf: Die Gesangbuchsnoth, Leipzig 1838

Sturm, Paul: Das evangelische Gesangbuch der Aufklärung, Barmen 1923

Thust, Karl Christian: Das Kirchen-Lied der Gegenwart. Kritische Bestandsaufnahme, Würdigung und Situationsbestimmung, Göttingen 1976

Wackernagel, Philipp: Das deutsche Kirchenlied von der ältesten Zeit bis zum Anfang des 17. Jahrhunderts, 5 Bde., Leipzig 1864–1877

Watkinson, Gerd (Hg.): 111 Kirchenlieder zur Bibel, und: 9 × 11 neue Kinderlieder zur Bibel, Lahr und Freiburg i. Br., ^{5}1972 und 1973

Wolkan, Rudolf: Das deutsche Kirchenlied der böhmischen Brüder im XVI. Jahrhundert, Prag 1891 (Reprint: Hildesheim 1968)

Zahn, Johannes: Die Melodien der deutschen evangelischen Kirchenlieder, 6 Bde., Gütersloh 1889–1893

Zelle, Friedrich: Das älteste lutherische Haus-Gesangbuch (Färbefaß-Enchiridion) 1524. Mit Einleitung: Geschichte der lutherischen Gesangbücher, Göttingen 1903

Inhaltsverzeichnis

Vorwort 5
§ 1 Begriff und Aufgabe der Hymnologie 7

A. Die Textdichter

§ 2 Das Lied der Urgemeinde 9
§ 3 Das Lied der alten und mittelalterlichen Kirche 11
§ 4 Martin Luther 14
§ 5 Dichter um und neben Luther 19
§ 6 Das reformierte Psalmlied 26
§ 7 Das lutherische Kirchenlied im Zeitalter der Gegenreformation
     (Das Bekenntnislied) (1560–1618) 27
§ 8 Paul Gerhardt und seine Zeit (1618–1680) 32
§ 9 Das Lied im Pietismus (1680–1750) 37
§ 10 Die Zeit der Aufklärung 43
§ 11 Das evangelische Kirchenlied von Ernst Moritz Arndt bis zur
     Mitte des 20. Jahrhunderts 46
§ 12 Texte aus der zweiten Hälfte unseres Jahrhunderts 50

B. Die Singweisenschöpfer

§ 13 Die vorreformatorische Zeit 57
§ 14 Das Reformationszeitalter 58
§ 15 Die Weisen der Frühbarockzeit (Beginn des Generalbaßzeitalters)
     (1580–1680) 62
§ 16 Spätbarocke Melodien (1680–1750) 67
§ 17 Die Weisen der Romantik (19. Jahrhundert) 69
§ 18 Das Liedgut aus der ersten Hälfte des 20. Jahrhunderts 69
§ 19 Zur Melodik neuer Kirchenlieder 71

C. Zur Geschichte des Gesangbuches

§ 20	Das Gesangbuch der Reformationszeit	77
§ 21	Das Gesangbuch der Orthodoxie	85
§ 22	Das Gesangbuch des Pietismus	88
§ 23	Das Gesangbuch der Aufklärung	90
§ 24	Das Gesangbuch im 19. Jahrhundert	95
§ 25	Die Entwicklung zum Evangelischen Kirchengesangbuch	100
§ 26	Das Evangelische Kirchengesangbuch. Aufbau und musikalische Gestalt	103
§ 27	Ausblick	111
Literatur (in Auswahl)		114